五感が育つ子どもの食育

食の体験学習 サペレメソッド

一般社団法人味の教室協会

染井順一郎
河口八重子

保育社
HOIKUSHA

はじめに

　この本は、保育園、幼稚園、こども園や児童館等において、小学校就学前の子どもに「五感を使った食の体験学習」が普及することを願って執筆しました。

　私たちは10年前より子どもを対象とした食育活動を行ってきましたが、従来の食育活動がともすればイベント的で、栄養知識を教えようとすることに偏りすぎていると感じていました。そうした中で、欧州で取り組みが進むサペレメソッドを使った体験型の食育活動を知りました。五感を使った体験を通じて、子ども自らが好きな食品を増やそうとするアプローチは、日頃の業務（医療機関での栄養食事指導）で個人の食嗜好を変える難しさを痛感してきた私たちにはとても魅力的な手法でした。そして2歳頃からの取り組みが有効であるとの欧州の専門家のアドバイスも、未就学児でやるなら5歳頃からかな、と当初は思っていた私たちに衝撃的なものでした。

　論より証拠、として実践活動の場を求めて、それまでの食育活動でご縁のあった御室保育園の上田園長（当時）に思いを伝えたところ「ぜひやってみましょう！」とのお言葉。大切な第一歩となる大きなきっかけでした。2017年から2歳児、3歳児を対象として年間6回の「五感をきたえる味の教室（以後「味の教室」）」の実践に着手しました。プログラムは欧州での取り組みを参考に、日本の保育園事情や食文化を踏まえて作成しました。その後も改良を重ね、園のお力添えもいただき、現在は京都市内8園で定期的に実践しています。この間に、お魚体験講座も含めると延べ6,000名以上の園児を対象として、270回以上の実践を行いました。

　この実践に対する関係者の評価については、本書内でも保護者アンケートや保育士アンケートの結果として一部紹介しています。子どもたちの食に関する態度の良好な変化に加え、98％の先生方が子どもたちといっしょに自分も楽しむことができ、96％の先生方が他の保育士（保育園）にも「味の教室」をすすめたいと思った、との回答が、本書執筆への大きな励みとなりました。

子どもたちが喜び、保護者もうれしい、そして何よりも先生方が保育のスペシャリストとしてかかわっていっしょに楽しめる、それが「味の教室」です。食を教材として提示したときのそれぞれの子どもたちの個性ある反応、意外な応答に気がつくことは、保育活動の質の向上にも役立ちます。

　「味の教室」で自分の五感を使って意思表示をすることを覚えた子どもたちは、自分の感覚に自信をもち、自分で考え、挑戦する力を備えます。給食や園庭での遊び、クッキングなどの日頃の保育活動でも好奇心をもってさまざまな発見をし、会話をしています。「味の教室」では、食材にふれる中で関心をもち、自ら食べてみたいと思うようになる「内発的動機づけ」を重視していますが、これは昨今話題の幼児教育で育てたいとされる主体性や非認知能力の核心的な部分でもあります。

　そして何よりも食べる力は生きる力です。感染症の流行、地球温暖化による環境の変化、人工知能をはじめとした科学技術の進展、国際的な交流の進展など、これからの時代に適応してたくましく生きてゆく力を、「食べる」ことから学びます。

　園での実践は、さまざまな家庭事情や特性をもつ子どもたちすべてに、同じような体験機会を提供するという重要な意味もあると思います。

　私たちは園の外部からの支援という形でさまざまな園での活動をさせていただいていますが、外部からの支援という形は必ずしも必要ではありません。園内の関係スタッフだけで独自に取り組むことも可能です。この本では、私たちがこれまで園の先生方といっしょに実践してきたサペレメソッドを使った「味の教室」について、その基本的な考え方、実践する場合の留意事項や子どもを楽しませるノウハウについて具体的に紹介しています。内容は極めてシンプルです。それぞれの園の事情（規模、菜園の有無、給食スタッフとの連携、等々）を踏まえて、できそうなことから実践してみませんか。

　ようこそ、サペレメソッドの世界へ！

一般社団法人味の教室協会　　染井順一郎
　　　　　　　　　　　　　　河口八重子

「自分でチェックしてみよう♪」

「今までの食育では物足りない!」「日頃の保育活動に活かせる活動をしたい!」
「子どもが主体的に参加する工夫を知りたい!」「もっと子どもの喜ぶ姿を見たい!」
「自分自身ももっと食育を楽しみたい!」といった方々に本書はおすすめです。

以下の項目は OK ? それとも NG ?
思い当たることがあれば、ぜひ本書(参考ページ)をお読みください。

1 給食の時間は、「何が入っているかな?」など食材に興味をもってもらうような声かけをしている

➡ **OK** 効果的な声かけとともに、五感を使った食の体験学習を行うことで子どもの関心はグッと高まります。保護者の80%、先生方の90%が食材への関心が増えたと答えています。(p.66-69, 104-107)

2 栽培・収穫体験では畑の土や根っこのにおいを園児といっしょにかいでいる

➡ **OK** 自然物である食材をよく見て、においをかいだ体験をした子どもたちは、園庭など周囲の自然物への関心も高まります。(p.13, 69)

3 クッキングでは調理の前に、子どもに使う食材をじっくり観察させるようにしている

➡ **OK** 調理する動物は人間だけ。子どものクッキングは人類が進化の過程で獲得してきた知恵の学習機会。五感を使うと調理過程の理解が深まり会話もはずみます。(p.82-83)

4 子どもが感じた味やにおいの感想は、「そう感じたんだね」と受け止めて、否定せず尊重している

➡ **OK** 味覚や嗅覚情報の表現はその人だけのもの。子どもだからこそ、その表現を笑顔で受け止めます。主体性を育てたいならなおさらです。(p.10, 66-67)

5 食べない子どもに対して「今は食べたくないんだね」と、まずは寄り添う声かけをしている

➡ **OK** 子どもの食べたくない理由はさまざま。ワガママと決めつけないことが大切です。食の体験学習においても試食したくない子への無理強いは禁物です。(p.95, 101)

6 子どもには「おいしい?」ではなく「どんな味がする?」、「これは何?」でなく「何に似ている形?」などと多様な答えを引き出す質問をするようにしている

➡ **OK** 子どもに考えさせる質問が効果的です。子どもから「これ何(どうして)?」とたずねられたら、答えを言う前に「何(どうして)だと思う?」と聞いてみるのもいいですね。(p.27, 66-69, 96)

7 2歳児はまだまだ言葉が出てこないので、食育活動をするには早すぎる

➡ **NG** 心身が急速に発達し、好き嫌いが増える2歳頃からが効果的。2歳児でもしっかりと感じ表情やしぐさで意思表示します。よく観察して気持ちを受け止めることが大切です。(p.28, 97, 99)

8 食材観察では子どもの気づきを促すために、比較して見せたりして工夫している

➡ **OK** 比べることは考えること。子どもが主体的に参加することで多くの気づきが生まれます。子どもが喜ぶ工夫の数々を紹介しています。(p.30-51 他)

9 目でよく観察したり、においをかいだり、さわったりという感覚を使うための声かけを普段から意識している

➡ **OK** 五感を意識して使うことは意外とされていないものです。サペレメソッドによる体験学習は子ども自身が自分に備わった五感を意識して使うきっかけとして有効です。(p.26, 30-51, 64, 68)

10 食育は給食室や調理担当者の業務だと思って、積極的に取り組んでいない

➡ **NG** サペレメソッドによる五感を使った食の体験学習は、常日頃園児と接する先生が行う、保育の要素が強い食育です。(p.24-9, 98)

11 園での給食はバランスよく考えられているので残さずすべて食べるよう指導している

➡ **NG** 子どもが食べ物を残す理由はさまざまです。サペレメソッドによる五感を使った食の体験学習を通じて、子どもの多様な感性に気がつきます。(p.23, 97)

12 食べ物で遊ぶのはよくないからできるだけ子どもに食材をさわらせないようにしている

➡ **NG** 食材を見て、においをかいで、音を聞いて、味わうなど、さまざまな五感の情報が統合されて一つの食材が認識されます。この体験が幼少期に大切です。(p.16-9, 101)

13 食の体験学習をするときは、指導に気を取られて自分はいっしょに楽しめていない

➡ **NG** 子どもといっしょに体験し、同じ食材を五感で感じることで、共感が生まれます。そして楽しんでいる先生のもとで子どもの自己肯定感が育ちます。(p.12-23, 66-67)

14 苦手な食べ物がわかっている子どもにはあえて提供しないようにしている

➡ **NG** 子どもの好き嫌いの2大要因とされる「えり好み」と「新奇恐怖」について、いずれも2歳頃より強く出てきます。苦手だから出さないのでは挑戦する機会も奪ってしまいます。(p.25, 89)

15 食べ物については「体にいい」「栄養がある」など言葉で知識として教えるようにしている

➡ **NG** 幼少期には知識よりも体験が必要です。五感で感じて記憶に残る原体験を増やすことが、後に入る知識の理解を助けます。(p.8-11, 97-98)

もくじ

第1章 「味の教室」をのぞいてみよう！ …………………………………… 12

サペレメソッド
「五感をきたえる味の教室」へ

「五感をきたえる味の教室（以後「味の教室」)」は、未就学児を対象とした食の体験学習プログラム。今では、日本の多くの園や学校で「食育」が行われていますが、「味の教室」のベースになっているのは、ヨーロッパ発の「サペレメソッド」です。

「SAPERE（サペレ)」とは、「知る」「味わう」などを意味するラテン語。このメソッドは1970年代からフランスのピュイゼ博士が取り組みをはじめた小学生対象の味覚教育が源です。1995年頃からスウェーデン、フィンランド、ノルウェーといった北欧諸国を中心に広まり、子育てや教育の先進国といわれるフィンランドでは、国の示す乳幼児向けの食事勧告「食から健康と楽しみを」の中にも、「サペレメソッドに基づく感覚を重視する食育は、国のカリキュラムの目標達成を支える最適のもの」と記載されています。現在ではスイス、オランダ、エストニア、イギリスなど、ヨーロッパ各国で取り組みが進められ、世界的にも注目を集めています。

サペレメソッドの展開

サペレメソッドは、知識ではなく感覚がベースになった食育です。食材の産地や栄養素などの知識を教えたり、すぐに調理を行ったりするのではなく、子どもたちは根や葉のついた泥つきの野菜や、一匹まるごとの魚など、自然のままの姿の食材を、目、鼻、口、耳、そして手などをフルに使って、じっくりと探索していきます。

よく見て、しっかりさわり、においをかいで、音を聞いて、そして味わうといった、自分の感覚にひもづいた体験を通して、子どもなりに分析や判断を行っていきます。大人は何かを教えるのではなく、その過程で子どもの興味や関心、表現などを引き出す援助を行います。こうした体験を通じて、一人一人の子どもの中に、積極的に「食」にかかわる主体的な態度が養われていきます。

食材を五感で体験する

見る

葉や根を見たり、切った断面を見たり、虫メガネを使ったり。普段目にすることが少ない、生き物を感じる部分をじっくり観察します。

かぐ

目を閉じたり、食材を見えないようにして嗅覚に集中し、食材や切断面のにおいをかいでみます。食べてからの戻り香（口から鼻にぬけるにおい）も感じます。

さわる

袋に入った食材を手でさわって予想します。食材を手に取り、その大きさ、重さ、長さ、手ざわりを存分に確かめ、ちぎったり、皮をむいてみたり。指先の感覚に集中します。

聞く

食材を手でちぎる音、皮をむく音に耳を澄まします。また、口の中でかんでいる音を、手で両耳をふさいで聞いてみます。

味わう

シンプルに食材本来の風味を味わいます。ゆでたり、焼いたりして味の変化やちがいを感じ取ります。同じ食材でも部位・熟度のちがいも感じます。

自分の言葉で表現する

サペレメソッドでは、5つの感覚を研ぎ澄ましながら食材にふれ、体験し、子どもがそのとき感じた思いや発見を、大人の声かけによって自分の言葉で表現することも大事なポイントです。

「にんじんってこんな形をしてるんだ！」「みかんの皮はザラザラしてるね」「土のにおいがする」「ね

え、こんな音がするよ！」「甘くてちょっとすっぱい！」など、子どもはさまざまな食材を通して、自分の経験や感覚を言葉にすること、それを他者に伝えること、そして共感し合って喜ぶことを通じて、食へのさらなる興味や意欲を育んでいきます。

サペレメソッド　＝　**子どもが**
五感で感じる　×　**大人の**
声かけと受容

どんな形をしているかな？

足みたい！

子ども主体の学習方法

サペレメソッドにおいては、子ども自身の体験を他愛ないものだと軽く考えたり、間違っていると軽率に対応しないことが大切です。子どもは大人からの質問によって、大人が自分の体験に価値を認め、尊重してくれると受け止めます。大人と同様に子どもたちも五感を使った食の世界について自分なりの評価を作り上げ、提示することができるのです。そして自分自身の価値判断に基づいて、自分の経験を言葉にすることを学びます。

幼少期に食べる力を育てるサペレメソッド

　小学校入学までは、「子どもの根っこを育てる時期」といわれます。

　植物は芽を出すと、十分に根を張り巡らせてから、茎を伸ばし、葉を茂らせます。根には、自身の成長に必要な水や栄養分を吸収する役割があるからです。土の中に広く深く張り巡らされた根は、日照りのときにも枯れることなく、しっかりと水分や養分を送り続け、それによって十分な栄養を得た植物は大きく育ってたくさんの実をつけることができます。

　子どもの成長も同じ。幼少期に子どもたちの根っこをしっかりと張らせるためには、子どもの好奇心を刺激して、どんどん伸ばしていく必要があります。同時に、かたい土や石ころにぶつかっても、さらにその先へと向かう勇気も必要です。

　自然のままの食材に出会った子どもたちは、みんな目を輝かせて食材にふれ、においをかぎ、そして味わいます。これは生き物としての本能です。食べ物は、子どもの成長に不可欠な栄養素であるとともに、子どもたちが広く深く根っこを育てていくのを助ける、自然が与えてくれた最良の教材ともいえるでしょう。

　根っこは普段は目に見えません。しかし「大切なものは目には見えない」という言葉があるように、そして「根性」という言葉があるように、根っこは人間にとってとても大切なもの。そういう子どもたちの大事な根っこを育てるのが、「味の教室」の役割だと思っています。

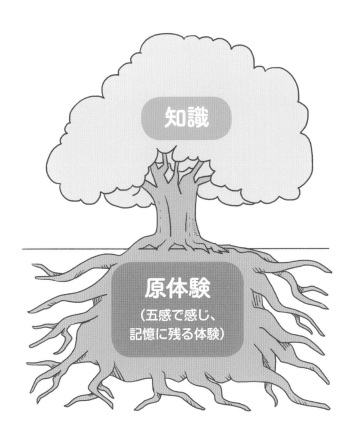

知識

原体験
（五感で感じ、
記憶に残る体験）

知識より先に
五感を使った
感動体験を！

幼少期は
根を張って吸収する時期
葉っぱはまだ！

「味の教室」をのぞいてみよう！

サペレメソッドを用いた「味の教室」は、日本の保育環境や食文化などを踏まえて展開する新しい食育教室です。「味の教室」はグルメを育てる教室でないことはもちろん、クッキング教室でもなく、五感を使うだけでもありません。

「味の教室」は、食べる行為に付随するさまざまな五感の刺激について時間をかけてじっくりと感じ、子ども自身が自分の感覚を確認・発見し、表情や言葉によって友達や先生と共有するプロセスの時間です。子どもたちはみんなといっしょにワクワク感を味わいながら、最高潮の気分の中で食べることで、余韻までも記憶に残ります。

一般社団法人味の教室協会では、2017年からこれまで延べ40園で、主に2歳児、3歳児クラスを対象に約250回の実践を行ってきました。生きることに直結した身近な「食」を教材として使うため、毎日の生活の中にさまざまな形で応用、発展させていくことが可能です。子どもの食習慣の改善に大きな効果が得られることも判明し、さらに多くの期待が寄せられています。

	感覚	器官	行為
食べる前	視覚	目	見る・凝視・観察
	聴覚	耳	聞く
	触覚	手	さわる・感触
	嗅覚	鼻	かぐ
食べている間	聴覚	耳	聞く・傾聴
	味覚	舌	味わう
	触覚	口・歯	感触
	嗅覚	口内	（戻り香を）かぐ

見る

さわる

聞く

かぐ

味わう

食べ物っておもしろい
～子どもたちを夢中にさせる「食」の魅力～

「味の教室」は笑い声がいっぱい。

食べ物を意識的に観察すると、おもしろいことをどんどん発見できます。

子どもたちは食材に対して、本能的に強い関心と驚くほどの集中力を示します。

思い思いに輪切りのたまねぎを並べる

おもしろい形のにんじんを発見

バナナの皮をはずして待ちに待った試食

熟度のちがうバナナを順番に観察

これは、食材を使ったアクティブラーニング!

・「食」がテーマだからこそ、2歳の子どもでも楽しく参加できる

・子どもたちは、自分の五感を使って主体的に活動

・体験の記憶は、自分の健康に大切な食習慣の基礎に!

・五感を使った食体験は、自然物への好奇心、他者とのコミュニケーションへと発展

・先生や保護者も、子どもの意外な感性に気がつく

・たくさんの子どもたちの笑顔、とにかく楽しい時間!

今日はどんな食べ物かな? 楽しみ!

〜ワクワクする食材の登場〜

食べ物は、子どもたちにとって最良の学びの教材です。

食材は子どもたちの五感を刺激し、感動となって記憶に残ります。

自然物である食材には、大きな「現物の力」があります。

今日は
なんのお話?

子どもの興味をひく手作り紙しばい

袋の中に手を入れたときのワクワク感と
ちょっぴり緊張したなんともいえないキ
ラキラした表情がかわいかったです。

（B保育園2歳児クラス）

袋の中は
何かな?

目をつぶり手の感覚に集中

プレゼントは
なんだろう?

食材がプレゼントで登場

食材の登場にひと工夫を!

ゲーム感覚を取り入れたり、演出など
のちょっとした工夫で子どもたちの食
材への食いつきは大きく変わります

かつお節

ロールモデルの
おさるの山ちゃんが
持ってきてくれたよ！

ツルツルしていいにおいの
かつお節と削り節

お友達同士で「ここさわってみな〜ツルツルしてるよ」「骨がある！」などと伝えあって共感している姿がとても印象に残っています。普段はじっくり見たものを伝え合うということが少ないので、本当によい経験になったと感じます。

（B保育園3歳児クラス）

さけ節

さけの形をしたさけ節と削り節

けむりのにおいに気づいた

りんご

片方はおもちゃ
どっちが食べられる
本物かな
間違わないぞ

りんご（本物とおもちゃ）の比較

これ本当に
にんじんなの？

にんじん

お迎えの時間帯、玄関に今日のにんじんを置いていたことで他クラスの子も親と会話し、2歳、3歳のクラスの子たちは今日の経験を伝えていました。焼いたにんじんと煮たにんじんがちがうこと、変な形のにんじんがあったこと。中でもおもしろかったのが耳をふさいで食べたら「シャキシャキドンドンって音がする」と伝えていました。ドンドンは何を意味するのか？　親子で楽しそうでした。

（S保育園）

想像力を高める食材（たこ、足、怪獣？）

さわったり、においをかいだり、いろんな発見があるよ

さわる感覚、においの感覚、子どもたちはしっかり感じています。
さらに自分が感じたことを、友達や先生と会話すると自分の感覚に自信を持ちます。
楽しい体験は記憶に残ります。一人より、みんなといっしょだとさらに深まるのです。

手づかみの食体験が大切です！

離乳期を過ぎて、周囲のものに興味を示す2歳、3歳の時期は「感じながら学びたがっている」時期です。この時期に、食べ物という、生存に直結した教材に対して、子どもたちは驚くほどの関心や興味を示します。「手づかみ食べ」の時期を過ぎた子どもたちですが、手づかみの食体験をまだまだしたいのです。

たまねぎさん、おもしろい！

輪切りのたまねぎをバラバラにすると輪っかがたくさんできることを知り、まねをして夢中になって、すべてのたまねぎをバラバラにしていた子どもたちが印象的でした。

（M保育園3歳児クラス）

葉や根のついたたまねぎと赤たまねぎ

緑もバナナかな？

熟度のちがうバナナをさわって確認

私にもさわらせて、においかがせて！

1本の長い昆布がめずらしい

感じたことをだれかと共有する！

自分が感じた発見を他人に伝える。そして他人が同じ感覚を使って共感する。発見した本人はちょっと得意になって、うれしい気持ち。発見した自分に自信を持つ、その積み重ねが自己効力感を高めます。

ホントだ！

こんなの
見つけたよ！

かつお節（荒節）の裏側で何か発見

緑色のバナナの輪切りの中を
指で確認

かつお節をさわる、においをかぐなどをしばらくした後、自分の手にもかつお節のにおいがうつっていることに気づき、同じ机の友だちに「おててもにおう」と知らせ、共有していたことが印象に残っています。

（Y保育園3歳児クラス）

「味の教室」に参加して

● 一つの食材を眺め、さわり、においをかぎ、なめてみる、耳をふさいでかんでみる。味にびっくり！　音にびっくり！　じっくりと時間をかけて自分の感覚を確かめ、友達と言葉をかわしたり、新たな発見をしたりしながら、食への興味を広げています。　　　　　　　　　　　　　　　　　　　　　（S保育園）

● 「味の教室」に初めて参加して、たくさん学ぶことがありました。普段、野菜の皮は手早く下処理してしまうし、私自身ゆっくりと観察することがあまりなく、とても新鮮に感じました。子どもたちは実際にたまねぎやなつみかんにさわることができ、感覚や発想もとても刺激されていたようで、給食のおつゆに入っているたまねぎの色や食感について子どもたちなりの発見を担任の先生に話していてくれたという話を聞いて、実際にふれてもらうことが、いかに感覚を刺激することにつながるかを、身をもって体感することができました。　　　　　　　　　　　　　　　　　　　　　　　　　　　（S保育園調理担当者）

思いっきりさわっていい時間、だから楽しい

五感を使って食材にさわる体験は食材への親しみを増し、多くの学びが生まれます。
自分の指でさわった感触、ちぎったときの力かげん、音やにおい等は体の記憶となります。
分解してわかる発見や元の形に戻そうとする試みなど、子どもの学びはどんどん広がります。

観察と作業で五感は大満足！

五感をフルに使って食をしっかりと感じる体験。それによって生じる子どもの気持ちを大切にする。内発的動機づけを重視するサペレメソッドは、これまでの知識提供型の教育と異なり、子どもが主体となった感性重視の学習方法です。

輪切りのたまねぎを
バラバラにしたよ

大きな皮が
とれた！

先生もいっしょに体験

メガネみたい

たくさんの輪ができた

お友達には
腕輪をして
あげた

ロールモデルにプレゼント

見たこともない、長い葉っぱのついたたまねぎ。食べる部分を輪切りにすると、大きい丸や小さい丸がたくさんできて、その丸の中には、また小さい丸がたくさんつまっています。

どんどんはずしてたくさん輪っかを作ったり、メガネみたいにしてみたり、バラバラになった輪っかを集めてもう一度丸を作ったり。夢中になって遊んでいるうちに、子どもたちの手はたまねぎのにおいに。

小骨を発見！

煮干しを分解

小さな煮干し1匹でも分解すれば、いろいろな発見があります。分解しているうちに食べたくなる子も。小骨のパリパリも発見です。

苦手な野菜でも仲よくなれる！

なすに接して、新たな発見をする過程で、苦手意識は克服されていきます。かといって焦りは禁物。さわって、皮をむいて、分解するだけでも一歩前進。好きな気持ちを伸ばして、好きな野菜を増やしていくのがサペレメソッドです。

なすは子どもたちの苦手野菜の代表選手ですが、「なすくんの大冒険」の紙しばいを見た後に、いろいろな形や色のなすの登場に大喜び。中には長なすを電話に見たてて「もしもし〜」と遊ぶ子も。そして半割りのなすから種をほじくりだして「ごまが出てきた」と発見し、輪切りのなす一切れをもらうと皮とワタに分けて、ちぎってその感触を確かめます。ゆでたなすと焼いたなすの試食では、なすが苦手な子も手を出して試食する姿に先生が驚くことも。焼いただけのなすがとても甘いことに気づいてビックリする子もいます。

なすの種を
ほじってみた

なすを分解（皮、種）

なすのワタを細かく
ちぎる

テーブルになることを
発見

なすが苦手でちぎって感触を確かめていた子がいて、煮たのより焼いたほうがやわらかい！と言っていました。その後に、でも皮はどっちもかたいね！と言っていて、そういうふうに感じたんだなあと印象に残りました。なすを口にするのがいやな子も友達が食べているのを見てペロッとなめていました。周りに影響されて行動を起こしていて驚きました。今回はなすということで苦手な子が多いとあらためて感じました。でも、苦手でもさわってみたり、においをかいでみたりして夢中になって、ちがいを見つけている姿に驚きました。苦手なものはふれるだけでもいやだと思うのに、親しみをもってふれていたことに感動しました。なすをちぎることは家ではできないことなので、とても勉強になりました。
（M保育園3歳児クラス）

お友達と食べるって楽しい！
〜いろんな味や音も楽しい〜

お友達や先生の食べる姿をまねて、子どもは新しいものを口にしてみます。
食べ物を口にして得られる感覚は、食べている自分だけが感じられるもの。
自分の感じ方に気づき、お友達とのちがいにも気づきます。

これ、食べられるの？

しっかり味わいながら試食

お魚の粉、とってもおいしいね

煮干しの粉末を試食

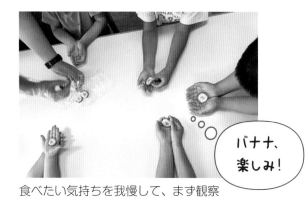

バナナ、楽しみ！

食べたい気持ちを我慢して、まず観察

園は食材体験の理想的環境！

子どもはいつも周囲をよく見ています。大好きな先生やお友だちがいるからこそ楽しい。

苦手ななすも、お友達といっしょに挑戦

ゆでたなすのにおいをかぐ

5つの基本味を順に試飲

耳をふさいでも
音が聞こえる…
なんの音？

そしゃく音を聞く

食べ物を食べるとき、私たちはいつもかんでいます。普段は意識しませんが、耳を両手でふさいでみると、口の中の音が増幅されて、かんでいることがよくわかります。サクサク、コリコリ、ポリポリ……。聞こえ方とその表現は、人によって、食材によって、料理の仕方によって、そして食べ始めと食べ終わりでもちがいます。

かたい野菜はもちろん、やわらかいバナナだって、私たちはかんでいます。いつもすてきな音をさせているのです。

不思議な音がする

耳をふさいでそしゃく音をずっと聞いていた子が、給食時も耳をふさいで「コリコリいうてるで」とそしゃく音を聞いていたのが印象に残りました。（D 保育園 3 歳児）

保育者自身がいっしょに耳を押さえてバナナをかむと、グループの子もいっしょになってまねる姿があり、あらためて子どもは大人をモデルにして学んでいくのだなあと感じた。

（B 保育園 2 歳児）

バナナをかんでいるときに「けむりの音」「火事の音（＝カチカチ？）」がすると表現した子どもがいた。私の中にはない表現の仕方だったのでとても驚いた。（M 保育園 3 歳児）

かむのが楽しくなる！

幼少期に身につけておきたい望ましい食習慣の一つが、よくかんで唾液をしっかり分泌させて食べることです。唾液には消化吸収を助ける働きの他、細菌やウイルスをやっつけてくれる免疫力もあり、感染症予防の観点からも重要です。また、よくかんで食べることでかたいものを食べられますし、魚の骨を飲み込まずにすむ等、食べるものの多様性を広げる意味があります。また、最も強調したいのはよくかんで「味わう」ことで食事は単なる栄養補給以上の意味を持ちます。口の中に味わいと共に食の物語が広がり、唾液によって分解された甘みやうま味も加わって、脳はよりおいしく食べられるのです。

離乳期の子どもに養育者が急いで食べさせようとするあまり、口の奥にスプーンを入れるとかまない習慣がつきます。現代はやわらかくて食べやすい食べ物が周囲に多く、あまりかまずに飲み込んでしまいがちです。子どもにしっかりかんでほしいと思うならば、「よくかんで食べなさい」という叱り言葉ではなく、ぜひ「もっとかみたくなる」楽しい体験をさせてあげたいものです。

好きなものに正解はない！
～苦手な理由もみんなそれぞれ～

好きな理由、苦手な理由はみんなそれぞれに持っています。
すべての子どもが自分の想像力を広げて、自由に自分の意思を表現します。
子どもたちの個性、感性を理解するのにも「食べ物」は格好の教材です。

ワークシートで自分の好きを意思表示

みんなのバナナの感想だよ

3種のバナナ（左写真）についての4歳児、5歳児の感想

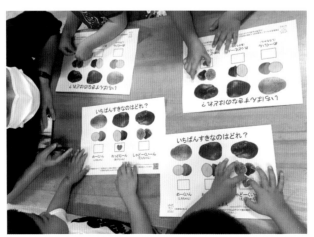

3種のじゃがいものうち、紫がいちばん人気

なじみのある
白（メイクイーン）より
赤（レッドムーン）や
紫（シャドークイーン）に
シールを貼る子が
多いんだね。
どうしてかな？

苦手な理由は子どもそれぞれ！

白、赤、紫の3種類のじゃがいもへの子どもの反応がとてもおもしろいです。多くの子は3種とも完食しますが、色になじみがないせいか紫は苦手な子もいます。また、じゃがいもが苦手な子がいたり、なぜか皮だけは食べる子がいたりします。白→赤→紫の順で食べて、紫を食べてからそれまで残していた白を食べる子もいました。何よりもいっしょに食べた先生が驚くのは、色の他に、味や歯応えなどのちょっとしたちがいを子どもは感知して、自分の好みを主張した点です。苦手な子は皮をむいただけで一歩前進。

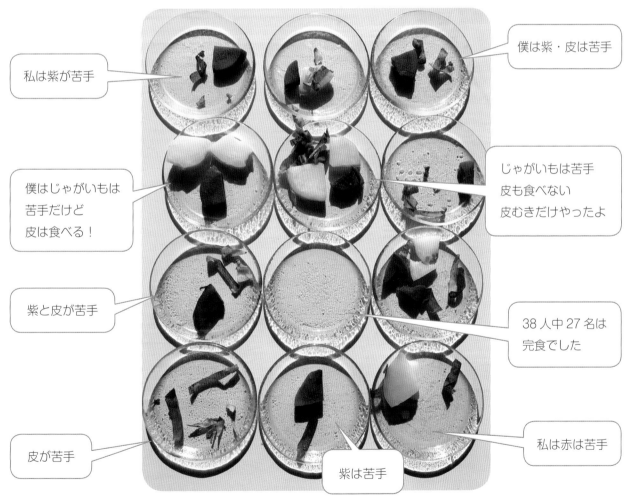

私は紫が苦手

僕は紫・皮は苦手

僕はじゃがいもは
苦手だけど
皮は食べる！

じゃがいもは苦手
皮も食べない
皮むきだけやったよ

紫と皮が苦手

38人中27名は
完食でした

皮が苦手

紫は苦手

私は赤は苦手

3種のじゃがいも（p.35写真）試食後の残食の様子

食べ物から子どもの気持ちがわかる・・・それがサペレメソッド

サペレメソッドで育つ力

サペレメソッドによる食べる力の獲得は、一生涯にわたる健康維持はもちろん、食べる楽しみを通じた幸せな人生にも大きくかかわってくるものです。

ひと言で食べる力といっても、子どもにとって、初めての食べ物を口にするには挑戦する力（勇気）が必要です。そして食べ物を自分の五感でしっかりと感知する力、感知した情報を記憶と照らし合わせて考える力、それを他人に伝えるための表現力や他人とのかかわりの中で共感する力など、多くの力によって食べる力が生まれます。

食べる力を育てることで、①挑戦する力、②感じる力、③考える力、④表現する力、⑤共感する力も育ちます。

「五感をきたえる味の教室」で育つ力

5 共感する力　会話をする
Empathize　Have a conversation

4 表現する力　表情や言葉で表す
Express　Use facial and words expression

3 考える力　気づきや発見をする
Think　Make new discoveries

2 感じる力　五感を集中して使う
Feel　Concentrate all five senses

1 挑戦する力　まず口にしてみる
Challenge　First try eating a bite

五感をきたえる
味の教室®

1 挑戦する力
～まず口にしてみる～

● チャレンジする力（勇気）の育成です。

● ２歳頃になると、新しい食材を手にしない、口にしない「新奇恐怖症」という現象が起こります。慎重であることは生きていくために必要な能力でもあります。手当たり次第に食べていたら毒物を簡単に口にして死んでしまいます。これは勇気があるのではなく無謀なだけです。この新奇恐怖を乗り越えていくために、子どもは繰り返しの体験を必要とし、これが学びとなります。

● 食べ物の新奇恐怖を克服するには、10数回にわたってその食べ物を出す必要があるといわれていますが、多くの親は３回程度であきらめてしまうそうです。

● いやがっている子には強制しないでください。子どもは他人の行動をよく観察しています。親や園の先生、お友達が楽しそうにさわっていたりするのを見ると、自分から手を出すようになります。

いつもとちがう楽しい雰囲気作り。おもしろい教材（食材）。子どもたちの大好きなロールモデル。保護者や指導者が率先して口にして楽しむ。口にするのは信頼する人からのもの。強制はNG。

ドキドキしながら初めての味に挑戦

さわっているうちに食べたくなる気持ちが高まる

感じる力
~五感を集中して使う~

● 人には視覚、聴覚、触覚、嗅覚、味覚の五つのセンサーがあります。

● 感じる力を育てるためには、このセンサーを使う「環境」を整え、感じる「方法（メソッド）」を知っておく必要があります。

● 感じる力は、普段の漫然とした生活で得られるものではなく、そのセンサーを集中して使う必要があります。例えば、耳を澄ませて音を聞き分けたり、ちがいを見つけようと凝視したりするのも集中です。

● 感性工学では、「五感を使って感じる段階」、「感じたことで生じる喜怒哀楽の感情の段階」、「感じたことで心が動く、記憶にも残る感動の段階」と区分します。

● 集中して感じる体験、ちがいを発見する体験は観察力を育てます。

● ちがいを発見して「おもしろいな」という好奇心が、「なぜだろう」と発展することが、一生涯にわたる学びの原点となります。

手の感覚に集中して中身を想像

２本足のにんじんをじっくり観察

③ 考える力
～気づきや発見をする～

⬤ 食材にふれたとき、子どもはどんなことを考えているのでしょうか? 2歳児だと言葉ではうまく言えないけれど、一生懸命に自分の感じたことを考え、表情で表します。よく表情やしぐさを見てあげてください。

⬤ 「おいしい」という言葉だけでは、どの感覚を使ったのかわかりません。反射的な言葉かもしれません。

⬤ おいしいと感じたのはどうしてなのかをたずねてみると、子どもが考えるきっかけとなります。

⬤ 「この味(におい)は、どこかで食べた味(におい)がする」といった言葉が出てきたら、子どもは自分の過去の記憶と照らし合わせて分類や類推といった考える作業をしています。

⬤ 幼少期には、犬・猫・牛は「動物」といった性質分類や、卵・パン・牛乳は「朝食」といった場面分類などの力が発達するといわれています。※五感を使った食体験で分類や類推の能力が身につきます。

反射ではなく、考えた言葉を引き出す。同じものからちがうものへ。ちがいは何か。分類・類推させる。

かつお節とさけ節を比べて観察

たまねぎを大きさ順に並べる楽しさを発見

表現する力
～表情や言葉で表す～

● 子どもは自分が感じたことを一生懸命に表現します。

● 子どもの表現は言葉よりも表情やしぐさによく表れます。

● 語彙は2歳から3歳にかけて急激に増加します。

● 言葉には意味があります。この言葉の意味を体感しながら習得するのがサペレメソッドです。保護者といっしょにりんごの表面をさわって、保護者が「ツルツル」と言えば、子どもは「ツルツル」の言葉の意味を学びます。キウイフルーツの表面をさわって「ザラザラ」と言えば、子どもはこういう感覚を「ザラザラ」というんだなという体感を得ます。

● 表情や言葉は、大人に受け止めてもらった経験と結びついて初めて生きた感覚になります。

気づいたことをそれぞれ表現

表情やしぐさで表現

どの味の水が好きかを意思表示
（だし汁が人気‼）

5 共感する力
～会話をする～

● 子どもには共感したがる気持ちがあります。自分と同じ感覚を他人と共有することで自己の存在を確認します。自分がにおいをかいだものを独りじめせず、他人と共有しようとするしぐさをみせます。

● 自分が感じたことを口にすることで会話が成立します。自分の発見をお友達と共有することで自分に自信を持ち、同じ好みのお友達から安心感や喜びを得ます。

● 一方、食べ物の味の感じ方や好みにはちがいがあります。こうしたちがいを個性として受け止めておたがいを認め合うことをサペレメソッドでの体験から学びます。

● 幼少期から食を通じた認め合える楽しい会話（フードトーク）を積み重ねることは、大人になってからの多様性の理解やコミュニケーション力の基礎となります。

さけ節とかつお節を
回しながら会話

各自のなすについて語り合う

自分の「好き」がお友達といっしょ？

サペレメソッドの世界へようこそ！
「食」をめぐる5つの感覚

脳が「おいしい」を学んでいく

食事は「おいしく」食べるのが基本。食べ物をおいしく食べるには、目も鼻も耳も、そして舌や歯も、体のすべての感覚を使って楽しむことが大事です。

与えられたものをただただ漫然と食べていては、何も学ぶことができません。同じものばかりを繰り返し食べて新しいものに挑戦しないのでは、刺激もパターン化し、脳内の記憶の引き出しの中身は限定されてしまいます。

いろいろなものをよく味わって食べることで、食事は体を動かすためのエネルギー補給の意味を超えて、心身の発達や人とのコミュニケーションの道具として、さまざまな役割を担うようになります。

よく味わうためには五感を駆使してそのおいしさを探求、体験することが必要です。

子どもの頃は苦手な、苦いものや酸味のあるものを、大人になるにしたがって好むようになるのは、その苦味や酸味をおいしいと感じる経験（嗜好学習）を積んでいくからですが、その経験を重ねるうえでとても大切になるのが、さまざまな感覚です。

おいしそうなにおい、食欲をそそる見た目、調理をする音、そしゃく音、そして食べ物や飲み物の舌ざわり、歯応え、それらすべての情報が脳に届いて、私たちは日々、「おいしい」を学習していくのです。

体験や言葉は大事なスパイス

五感を使った楽しい食の体験は、おいしかった記憶として子どもの心に残ります。それは食材や食べることへの関心を増し、好きな食べ物を増やす効果も期待されます。五感を使った体験はお友達や先生といっしょの楽しい雰囲気の中で行われることが何より大切です。

さらに子どもの想像力をふくらませる声かけもおいしさを左右します。例えば、「おひさまのようなやさしい気持ちになる味のバナナだね」、「うさぎさんも大好きなカリカリした甘いにんじんさんかな」と想像力を

ふくらませる言葉、そして「農家さんが頭をヨシヨシして大きくなったトマトだよ」などの愛情を感じる言葉です。

どんな言葉を選ぶかによって感じ方が変わるなんて不思議ですが、食べるときの気持ちはそのものの味・見た目・におい・さわった感覚だけでありません。その場の雰囲気やいっしょに食べるお友達の笑顔とともに、大人からの魔法の言葉がおいしく感じる最高のスパイスなのです。

5つの感覚とおいしさのポイント

器官	感覚	おいしさのポイント
目	視覚	食材のそのものの色や形だけでなく、盛りつけや器、食卓の雰囲気も重要です。
鼻	嗅覚	食べる前のにおいとともに、食べ物をかんだり飲み込んだりするときに口の中から鼻腔に伝わる香りが、味覚と合わさって「風味」を作ります。
口・舌・のど	味覚	苦味、酸味、塩味、甘味、うま味の5つの基本味を感じ分ける器官である味蕾（みらい）は、舌の表面だけでなく、口の中やのどにも分布しています。よくかんで味わってみるとさまざまな味が感じられます。
口・舌・歯・手	触覚	カリカリ、コリコリといった歯応えやモッチリ、トローリといった舌ざわり、料理の温度もおいしさに大きく影響します。お寿司やハンバーガーなど、手づかみで食べる料理も手指から感じるおいしさがあるのです。
耳	聴覚	揚げ物や炒め物をする音、パリパリ、サクサクなど、食べ物をかんだときに口の中で響く音の心地よさも、食欲をそそり、食べ物のおいしさをアップさせています。

五感を使って親しむ

① 見る
（視覚）

子どもの視力は1歳で0.1〜0.2、4〜5歳で1.0程度と発達途中で、2歳児では50cm、3〜4歳児で1m程度が見やすい距離と言われています。

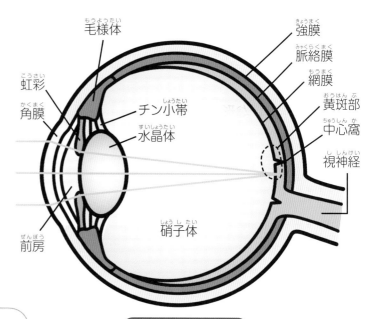

毛様体
強膜
脈絡膜
虹彩
網膜
角膜
チン小帯
黄斑部
中心窩
水晶体
視神経
硝子体
前房

眼球の水平断面図

視覚の仕組み

● 目で集められた光の情報を、網膜の中心窩周辺に存在する視細胞で感知する。

● 中心窩周辺の黄斑部には、600〜700万個の錐体細胞が存在し、赤、緑、青の色や形を判別する。

● 黄斑部の外側には、1億〜1億2500万個の桿体細胞が存在し、明暗を判別する。

● それぞれの視細胞が感知した情報を脳に伝える神経回路において、隣の細胞との感知差を大きくする側方抑制と言われる機能が働く結果、コントラストがつき、ものの輪郭をシャープに認識することができる。

● 両目を使うことで、遠近感や立体感をもった判別ができる。

視覚で得られる情報

● 大きさ：大きい〜小さい、長い〜短い、高い〜低い、太い〜細い

● 形：丸い、四角い、ボールみたい、箱みたい、棒みたい

● 色：赤、青、黄

● 質感：水みたい、かたそう

● 光沢：表面がツヤツヤしてる、光っている

● 動きや変化：湯気が上がっている、フライパンで卵が白くかたまる

子どもの反応や表現・言葉の例

自分の体の一部と比較する

・手みたいな形

・髪の毛みたいな色

・頭みたいな大きさ

おててに似ている…
指の数と同じかな

左手とにんじんの形を見比べ
ている

何か似たものに例える

・メガネみたい
（輪切りたまねぎの輪っか）

・お月様みたい
（かぶの輪切り）

・ボールみたい
（オレンジ）

おひげみたいな根のある
たまねぎ

小さなちがいを発見する

・輪切りたまねぎを分解して
薄い皮を発見

・黄色いバナナのへたに緑が
残っているのを発見

・昆布の表面の白い粉を発見

私の小指と同じ形の
ところがあるなあ

にんじんのでっぱり部分に
自分の小指を当てている

比較してちがいに気がつく

・黄色以外のバナナがある

・この水は動きが変
（がごめ昆布水のとろみ）

・形が似ている
（オレンジとレモンの輪切り）

たまねぎの輪っかを
外して小さい順に内側
から外側に並べたよ

大きさの順番に並べる

・たまねぎの分解した輪っかを
大きさ順に並べる

・成熟にともなって薄くなる
バナナの皮を並べる

大きさの順番に並べられた
たまねぎの輪

① 見る（視覚）　子どもの興味をひくコツ

コツ その1

大きくする

虫メガネを使って、いつも見る大きさとちがう観察をする

虫メガネで見ると大きく見えて興味津々

自然に割れたにんじんの中身を虫メガネで観察

コツ その2

普段は目にしないところを見る

・野菜を切った縦切りの断面、横切りの断面の様子

・野菜の葉、根っこ

・魚の歯、舌、胃袋の内容物

たまねぎの縦割（芽と根のつながり）

たまねぎの横割（内側と外側、輪の形）

コツ その3

比較する

・大きさ（大小の差の大き
なたまねぎ）

・色（赤いりんごと緑のり
んご）

・形（真っすぐなきゅうり
と曲がったきゅうり）等
のちがい

水の通り道（維管束）は同じ

大きさのちがうたまねぎを
見比べる大きさ比べ

本物とおもちゃの当てっこ
ゲーム

色も形も大きさもちがう
きゅうり

蒸す前のじゃがいも

蒸した後のじゃがいも（見た目
は同じ？）

コツ その4

変化させる

・調理による物性変化（ゼ
リー、とろみ、パン等）

・成熟、生長による変化

ひと口ずつの皮つきじゃがいも
（試食用）

② さわる
（触覚）

五感の中で最も早期に機能し、最初は口の周囲、次に指先の順に発達すると言われ、子どもにとって「さわる」ことは何より重要です。スキンシップのようにさわることは安心感にも関係します。

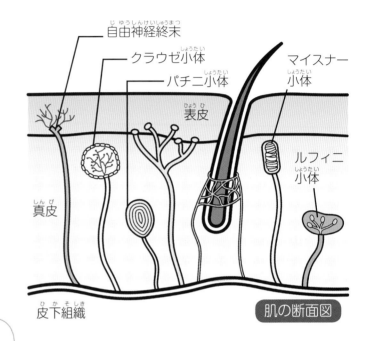

自由神経終末
クラウゼ小体
パチニ小体
マイスナー小体
表皮
ルフィニ小体
真皮
皮下組織
肌の断面図

触覚の仕組み

● 皮膚が接触することで情報を感知する。

● 皮膚の厚さは成人で1.5〜4.0mm、表皮は0.06〜0.2mmで、皮膚には、触覚、圧覚、痛覚、痒覚、温度覚などの感覚を感知する受容体が存在する。

● 触覚は全身に分布し、どの部分が圧迫されたか、等を認識できる。

● 体毛の根元にある毛包は、毛を探針として外部環境を感知する機能をもつ。

● 表皮は可視光や高周波音も感知している。その情報が脳に伝えられて意識化されることはないが、感知された情報が自律神経などの働きに作用する可能性が指摘されている。

触覚で得られる情報

● 温度：冷たい〜熱い

● かたさ：やわらかい〜かたい

● 粘り気：ペトペト

● なめらかさ：ツルンツルン

● 肌ざわり：ツルツル、ゴワゴワ、ザラザラ、カサカサ

● 振動：カタカタ

子どもの反応や表現・言葉の例

ほっぺたと同じ
ふわふわ。なすさん
のほうが冷たいな

身近なものと比較する

・ほっぺたみたいな
　やわらかさ

・頭みたいなかたさ

・アイスみたいな
　冷たさ

なすをほほに当てて
いる

たまねぎの表面を
指で確かめる

子どもらしい言葉

・ぺとんぺとん

・ぽよぽよ

・ふにょっ

・シュルシュル

・ずずずーっ

黒いバナナは黄色より
皮が薄くなっていて、
すぐむけた

バナナの皮をむく

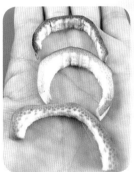

皮の触感もちがう

小さなちがいを発見する

・バナナの皮の内側は
　表面とちがう触感

・緑色のバナナは
　かたくて皮がとれない

・さわる部分によって
　ここはかたい、
　ここはやわらかい

りんご片を手でさわる

おもちゃのりんごを
手でさわって気がつく

りんごを皆でさわり
あいっこする

比較してちがいに気がつく

・おもちゃのりんごは
　中身がカラッポ!

・茶色のバナナは
　フニャフニャして
　やわらかい

② さわる
（触覚）

子どもの興味をひくコツ

目隠しをする

・袋（箱・くつ下）の中に
　隠したものをさわる

・目隠しして（目をつぶっ
　て）さわる

視覚情報を遮断して
手の感触だけで袋の
中の食材を確かめる

にわとりやねこの袋に手を入れる

サンタさんの
くつ下から石みたいな
じゃがいもが出てきた！

皆でじゃがいもをサンタクロー
スのくつ下から出して確かめる

冷凍バナナは
アイスみたいに冷たくて
シャキシャキする
ことを体験

アルミカップにのせた冷凍バナナ

熟度のちがう3種の皮つき輪切り
バナナ

温度を変える

輪切りにしたバナナを
冷凍して、常温のバナ
ナと比較する

コツ その3

比較する

・やわらかさ（緑、黄、茶色のバナナを比較）

・外皮の触感（同じくらいの大きさのりんごとみかん、たまねぎとなつみかん、キウイフルーツとじゃがいも）等のちがい

パキッと割れる（緑）
クチャとする（黄）
グニャグニャになる（茶）

たまねぎはカサカサ、
パリパリ？
みかんはブツブツ、
ザラザラ？

熟度のちがう3種のバナナ

なつみかんとたまねぎ

コツ その4

変化させる

・調理による変化（加熱固化）

・煮干しを分解（中から小骨や黒い内臓）

・成熟による変化（かたい緑色のバナナがやわらかい黄、茶色に変化）を比較する

手でちぎったら
魚から小さな骨が
出てきたぞ

ホットプレートでパンケーキ

煮干しを分解する

バナナの成熟

③ においをかぐ
（嗅覚）

生まれたばかりの赤ちゃんでも成人並みの嗅覚をもっています。好みも子どもそれぞれにあります。表情やしぐさを見ているとよくわかります。

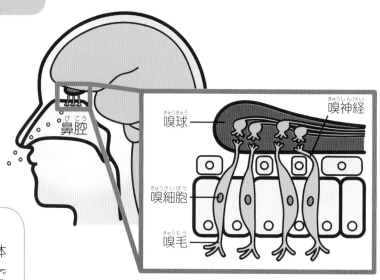

鼻腔（びくう）

嗅球（きゅうきゅう）

嗅神経（きゅうしんけい）

嗅細胞（きゅうさいぼう）

嗅毛（きゅうもう）

嗅覚の仕組み

● 鼻に入った物質の分子が、嗅覚受容体と言われるセンサーと結合することで情報を感知する。

● 人間は約400種類の嗅覚受容体をもち、この受容体で数十万と言われるにおい物質をかぎ分けている。

● 嗅覚を司る嗅上皮（きゅうじょうひ）に約300〜500万個の嗅細胞が存在し、嗅覚受容体は嗅細胞の嗅毛にある。

● 一般に神経細胞は再生されないが、嗅神経は例外的に再生が行われている。

● 鼻側と咽頭側の両方向からのにおいを感知し、特に咽頭側からのにおい（レトロネーザル経路）は、戻り香と言われ「風味」として認識される。

● においの体験が記憶されて、判別に使われるのでたくさんのにおい体験が重要。あるにおいから過去の情景を鮮明に思い出すプルースト効果は、においと記憶のつながりの例として有名。

嗅覚で得られる情報

● 食べられるものかどうかを判別：
　発酵食品と腐敗食品のちがい

● 生存に不可欠な「におい」のちがいを判別：危険なにおい、安心できるにおい

● 食欲をそそるにおい：うなぎのかば焼

数十万といわれるにおい物質の判別には、「おそば屋さんのにおい」、「真夏の海の磯のにおい」、「排水溝のにおい」などのにおいをかいだ経験が記憶となり、それとの照合が必要。

子どもの反応や表現・言葉の例

自分の身近なもので
表現する

・緑色のバナナ
→きゅうりみたいなにおい

・昆布
→わかめのにおい

・コーヒー
→お父さんのにおい

きゅうりの
におい

甘いにおい

バナナのにおいをかぐ

小さなちがいを
発見する

・おもちゃの果物
→こっちはにおわない

・かつお節をさわった手
→おててがにおう

穴のあいた容器でレモンの
においを確認

自分の過去の体験で
表現する

・昆布→海のにおい

・たまねぎ→涙が出るにおい

・かつお節→おそば屋さんのに
おい

比較してちがいに
気がつく

・熟した茶色のバナナと
黄色のバナナ
・かつお節とさけ節
→こっちのほうが
いいにおい

なんか
知っているにおい
好きなにおいだな

さけ節のにおいをかぐ

③ においをかぐ
（嗅覚）

子どもの興味をひくコツ

目隠しをする

・袋（箱・くつ下）の中に隠したものをさわり、さわった手のにおいをかぐ

・中身が見えないボトル（袋）内の食品のにおいをかぐ

手についたにおいをかぐ

ロールモデルが目隠しをしてさわる
（その後、手のにおいをかぐ）

鼻をつまんで食べる

鼻をつまんで食べると味がしないが、手を離すと鼻から空気が抜けて、戻り香を感じる

鼻をつまんで食べる（その後、指をはなしてにおいを感知）

鼻をつまんで食べる

コツ その 3

比較する

- においのちがい(かつお節とさけ節)
- 同じにおいをかぎ分けるゲーム

かつお節とさけ節のにおいをかぐ

昆布に鼻を近づける

葉っぱをちぎったらにんじんのにおいがする!

にんじんの葉のにおいをかぐ

バナナのにおいがしない

緑色のバナナのにおいをかぐ

コツ その 4

変化させる

- 調理による変化(生のじゃがいもはにおわないが、ゆでたらにおいがする)
- 葉っぱをちぎったり切ったりするとにおいがする
- 成熟による変化(バナナ、メロン、キウイフルーツ等)

④ 聞く
（聴覚）

語彙の増える1～3歳は、体験しながら聴覚を働かせています。子どもがイメージしやすい言葉を使ったり、簡潔で明るい声かけなどの「音」の刺激が大切です。

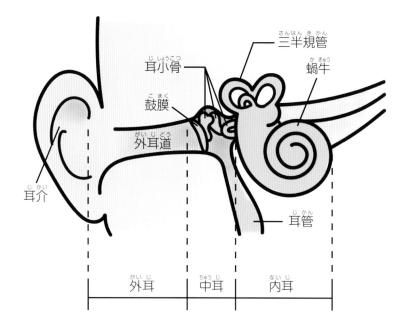

三半規管（さんはんきかん）
蝸牛（かぎゅう）
耳小骨（じしょうこつ）
鼓膜（こまく）
外耳道（がいじどう）
耳介（じかい）
耳管（じかん）

外耳（がいじ）　中耳（ちゅうじ）　内耳（ないじ）

聴覚の仕組み

● 貝殻状の耳介が反射体となって音を効率的に外耳道に集めて情報を感知する。

● 音が鼓膜を振動させ、耳小骨から蝸牛（かぎゅう）に振動が達し、蝸牛で音の高低（周波数）を弁別。

● 音情報が脳に伝えられる神経伝達過程で、周波数特性がシャープになり、音の高さの認識がよくなる。

● 両耳間の音の到達の時間差や強度差で、水平方向の音源特定。

聴覚で得られる情報

● 音源の特定：虫の羽音

● 音の接近：車の音、電車の音

● 危険の存在・予知：沸騰音、火が燃える音

● おいしい予感：調理の音（トントン、ジュージュー、グツグツ）

● 楽しい予感：歌声、笑い声

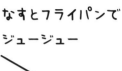

なすとフライパンで
ジュージュー

調理の音

・包丁のトントン
・お鍋のコトコト
・フライパンの
　ジュージュー

なすとお鍋の
おふろでコトコト

耳をおさえて、そしゃく音を聞く

食べる音を楽しむ

・聞こえる音をそのまま
　ガリガリ、ボリボリ、
　クチャクチャ、シャキシャキ
　といった擬声語で
　表現する

何か聞こえた様子

食材の音を聞く

・すいか、オレンジなどを
　トントンとたたいて音を聞く
・輪切りたまねぎ、緑色のバナナ、
　きゅうりなどを
　ポキッと折る音を聞く

なすを手でたたいた音を聞く

コツ その1

耳を両手で
ふさいで食べる

・両手で耳をふさいで食べると、そしゃく音が大きく聞こえる

・自分がかんでいることを自覚するとともに、食品による音のちがいがわかり、おもしろい

・じゃがいもの皮がシャキシャキ

りんごのそしゃく音を聞く

お友達と耳をふさいで、そしゃく音を聞く

ねえねえ、耳をふさぐとすごいね。ぼくはカチカチ音がするよ

46

コツ その2

比較する

・音のクイズ（箱やペットボトルの中に、米、だいず、らっかせいなどを入れて音を出し、中身を想像する）

・本物とおもちゃ（りんごやオレンジ）を軽くたたいて音を聞く

おもちゃのりんごとオレンジ

種類のちがう豆を入れたクイズ

トントンたたいて
つぶしてゴリゴリしたよ

煮干しをすり鉢で粉にする

粉になった煮干し

コツ その3

変化させる

・調理による音（トントン、シューシュー、ジュージュー、コトコト）

・野菜を折ったり、ちぎったりしたときの音（ポキッ、プチッ）

⑤ 味わう
（味覚）

人間は本能的に甘味、塩味、うま味を好みますが、これは母乳の味と関係しています。その後さまざまな味を経験することで、内臓感覚情報と結びついて嗜好が学習されていきます。

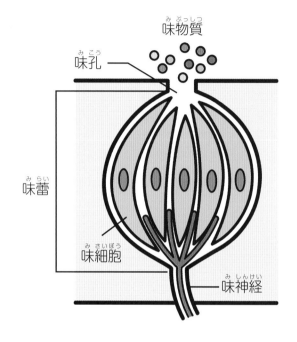

味物質
味孔
味蕾
味細胞
味神経

味覚の仕組み

● 味物質が、味覚受容体と結合することで情報を感知する。

● 味覚受容体には5種類あり異なる味細胞に存在し、それぞれ甘味、酸味、苦味、塩味、うま味の基本味を感知する。

● 50〜100個の味細胞が集まって味蕾を形成し、味蕾は口腔内に約8,000個存在する。

● 味細胞の寿命は約10日と短期間で生まれ変わり、生存に直結する味のセンサーは常に新しい状態を維持している。

● 口腔内以外にも腸、肝臓、膵臓に甘味とうま味、肺に苦味、腎臓に塩味の味覚受容体が存在している。

● 辛味は「味」ではなく、刺激である。

味覚で得られる情報

● 甘味：ショ糖、ブドウ糖、果糖、よくかんだデンプン

● 塩味：食塩、しょうゆ、海水

● 酸味：果物（クエン酸）、酢（酢酸）、ヨーグルト（乳酸）

● 苦味：カカオ

● うま味：グルタミン酸、イノシン酸

● 辛味：カプサイシン

● 渋味：タンニン

子どもの反応や表現・言葉の例

　味わう感覚は、その食物を体内に取り込む是非を判定する最終関門。味覚は子どもの嗜好や体調に影響される感覚であることを意識して取り組みます。語彙の少ない2歳児では表情で表現します。基本味の「甘味」についても、「甘い」と分類して表現するには時間がかかり、最初は「メロンの味」といった経験で話します。

ゆでたにんじん（左）焼いたにんじん（右）だよ!!

調理方法のちがう
2種の試食用にんじん

身近なものに例える

・塩味→汗、涙みたい

・甘味→メロンの味

・酸味→お口がキューってなる

砂糖の入った水の味を確認

比較してちがいに気がつく

・こっちが甘い

・いつもとちがう

・これは好きな味

このにんじん甘い！

にんじんの試食

自分の経験を思い出す

・昆布だし→おっぱいの味

・塩味→遠くのラーメン屋の味

・コーヒー→お父さんの
　　　　　飲んでる味

⑤ 味わう
（味覚）

子どもの興味をひくコツ

コツ その1

品種等のちがいを味比べ

・昆布、煮干し等の種類のちがい

・じゃがいも、りんご、かぼちゃ等の品種のちがい

3種の煮干しのだし汁の味比べ
（あご、あじ、いわし）

3種のかぼちゃ（写真奥からすくな、バターナッツ、セルマサンダース）

コツ その2

調理方法を変える

・焼いたなすとゆでたなす

・焼きいもと蒸かしいも

・冷水と温水

焼いたなす

ゆでたなす

コツ その3

同じ仲間で
比較する

・味の仲間（砂糖、はちみつ、メープルシロップ、メロン等の甘い味の仲間、酢、ヨーグルト、レモン等のすっぱい味の仲間等）での比較

・部位のちがい（ほうれんそうの葉と軸、はくさいの葉先と分厚い下部）

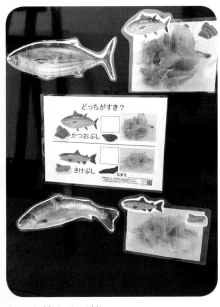

かつお節とさけ節

3種の砂糖（黒糖、パールシュガー、てんさい糖）

煮干しの粉

煮干しだし

コツ その4

変化させる

・煮干しの粉とだし汁

・成熟による変化（バナナ、キウイフルーツ等の追熟）

第3章

園で実践してみよう

園は子どもの食べる力を育てる理想的環境です

「みんなといっしょ。だからこそ感じる楽しさ、挑戦する気持ち」は
園だからこそ得られるもの

「味の教室」を経験した子どもたちは、給食時間、栽培やクッキング体験などのこれまでの園内での活動でも五感を意識して使うようになります。本章では以下の内容を解説します。

1

全体計画の組み立て（p.53）

・全体計画の例

待ちに待った
食材の登場

2

1回の教室の組み立て方（p.55）

・30分の小劇場の起承転結

じっくり観察

3

教室の成功のポイント（p.56）

A. 安心して集中できる環境を用意
B. いつもとちがう楽しいワクワク感の演出
C. 臨場感のある感動する食材の選択
D. 集中の仕方と遊び方の工夫
E. 先生も楽しみながら笑顔で声かけ

みんなで会話

4

2、3歳児対象の
「味の教室」6回の実践例（p.70）

最後はワークシートで
意思表示

1　全体計画の組み立て

・各種行事予定も踏まえて年間計画を決定
・開始時期は新しいクラスになって1～2か月経過後
　（5月または6月開始、あるいは9月または10月開始）
・1か月に1回を基本（夏休み期間は1か月あける場合あり）
・試食の準備数は園児数＋指導者数＋予備
・班ごとに観察する食材は班の数分を準備
・食材（場合によっては園庭の作物）の旬の時期を考えて食材を決定
・毎回、振り返りを含めた次回の打ち合わせの時間をもつ（お昼寝時間等を利用）

※食品衛生上の問題やアレルギーのある子への配慮は、事前にクラスごとに確認します

● 全体計画の例

1. 園児・班・指導者の人数

クラス	園児数	班数	指導者
2歳児クラス	16名	4班	佐藤、鈴木、高橋、田中
3歳児クラス	20名	4班	伊藤、渡辺、山本、中村

2. 食品アレルギーの状況について

2歳児クラス	卵、牛乳
3歳児クラス	小麦

3. 味の教室の実施時間＆次回打ち合わせ時間

クラス	実施時間	次回打ち合わせ時間
2歳児クラス	9：40～10：10	13：30～14：00
3歳児クラス	10：30～11：00	13：30～14：00

4. 全体スケジュールの例

月	日	曜日	
4			実施計画打ち合わせ
5			保護者説明文書、アンケート配布・回収
6		木	味の教室　第1回　及び　第2回打ち合わせ
7		金	味の教室　第2回　及び　第3回打ち合わせ
9		金	味の教室　第3回　及び　第4回打ち合わせ
10		金	味の教室　第4回　及び　第5回打ち合わせ
11		木	味の教室　第5回　及び　第6回打ち合わせ
12		木	味の教室　第6回　及び　第6回振り返り
1			実施後アンケート配布・回収
2			アンケートとりまとめ
3			保護者への報告＆意見交換

5. 実施内容

	ねらい	取り組み例
1回目	**袋の中身は何かな？** ・園児が「味の教室」を「楽しい教室」と感じて、以降の活動に意欲的に参加できる雰囲気作りを行う。 ・園児の感じる力を育てるために、触感や嗅覚を集中して使う観察方法（目を閉じて感じる）を学ぶ。 ・食材の縦横の断面の観察や虫メガネを使った観察など、新たな切り口での視覚を使った観察方法を学ぶ。	・たまねぎ(大・小)となつみかんを別の袋に入れて、袋に手を入れた園児が大きさや形、においから中身を想像。 ・袋から取り出した野菜、果物の輪切りを園児に与え、各自が触感やにおい、断面などを観察し発話。
2回目	**3つのバナナ** ・食べたときの触感・音（かたさ、かみ応え）や味（甘い、渋い）のちがいを学ぶ。 ・同じ食べ物でも食べ頃があることに気づく。 ・自然のものは成熟して変化することに気づく。	・熟度の異なる3種のバナナ（緑、黄、茶）の外見、触感、においを確認した後、輪切りにしたバナナを食べ比べる。 ・食べる際に耳をふさぎ、かむ音のちがいを体感する。（教室後には、放置した緑色のバナナの色の変化観察などを行う）
3回目	**5つの水** ・味に種類があることを学ぶ。 ・食べてきたものに、これらの味があったことに気がつく。	・味の異なる（甘味、塩味、酸味、苦味、うま味）水溶液を順に試飲する。
4回目	**野菜っておもしろい** ・自然の姿の野菜を五感で学ぶ。 ・同じ野菜でも調理方法が異なれば、味も異なることを学ぶ。 ・よくかむことのおもしろさを学ぶ。	・さまざまな色、形、種類のなすとその輪切りを観察した後、ゆでたなすと焼いたなすの食べ比べを行う。
5回目	**うまい味って？** ・うま味の存在に気づく。（唾液が出る） ・味が異なることに気づく。	・煮干しの姿を観察した後、粉とだし汁の味比べを行う。
6回目	**ボックスゲーム（食材に親しむ体験）** ・見た目だけで判断しないよう、品種の異なる食材を食べ比べて、同じ食材でもちがいがあることに気づく。	・色や食味の異なる3種のじゃがいも（白、赤、紫）を食べ比べる。

2　1回の教室の組み立て方

・1回の実施時間は子どもの集中力を考えて30分とする。
・園児に食材を提供してその反応を観察するには、4～6名の班単位とし、
　一人の指導者が食材提供、園児といっしょに試食、園児への声かけを行うのが理想。
・落ち着いて取り組める環境と、いつもとちがう雰囲気を作る工夫。
・試食には、おなかのすく昼食前の時間帯が効果的。
・子どもが自身の体験を家族で会話しやすくするためワークシートを準備する。

30分の小劇場の起承転結

起（導入）
ポイントは「楽しいことが始まるぞ」のサインとなること

（例：ロールモデルの登場、紙しばい、小道具によるワクワク感の演出）

承（観察）
・ロールモデルによる五感の使い方の実演、表現の仕方
・自分たちもやってみたいと思わせる仕掛け、想像力を高める雰囲気作り

転（試食）
・自分たちがやってみて、どう感じるかに集中できる雰囲気作り
・子ども一人一人の反応や感じ方、表情や言葉に対して先生による声かけ、受け止め、子どもたちの会話が弾むようなやりとり

結（まとめ）
・今日やってみてどうだったのかの振り返り、ワークシートへのシール貼付
・家庭につなげる声かけ、次回を楽しみに待つ期待感、余韻

● 味の教室の時間配分

導入（5分）
子どもの関心をひきつけるためおさるのぬいぐるみがロールモデルを演じる

食材の観察（10分）
子どもたちを食材に親しませるために（土つきの）根っこや葉っぱのついた「生き物」であることがわかる新鮮な食材、縦切りや横切りの断面観察、虫メガネを使った観察

試食（10分）
子どもたちにひと口でも試食を促すためにロールモデルが食材を調理する演出、指導者もいっしょに試食を楽しむ

まとめ（5分）
子どもたちが感じたことを表現しやすくするために、ワークシートにシールを貼って見せ合う（家庭に持ち帰る）

参加したくなる導入と、次を期待させる余韻のもたせ方に工夫を！

3 教室の成功のポイント

A
安心して
集中できる環境を用意
→ p.58

E
先生も楽しみながら
笑顔で声かけ
→ p.66

D
集中の仕方と
遊び方の工夫
→ p.64

教室を成功させるポイントは
5つです。
A、B、C、D、Eが融合して
大きな効果を発揮します。

B

いつもとちがう楽しい
ワクワク感の演出
→ p.60

C

臨場感のある
感動する食材の選択
→ p.62

A 　安心して集中できる環境を用意

周囲が騒がしくない場所

子どもたち全員に見せたりできる
舞台となる場所が確保できる部屋

子どもたちが見やすい舞台

人の行き来が気にならない場所

周囲をカーテンでしきる

舞台になる方向は逆光にならない壁にする
（廊下や窓側になる場合は適宜カーテンなどをひく）

子どもが2名ずつ向き合える大きさの
4〜6人用テーブル

間隔をあけたテーブルと座席の配置例

子どもにあった高さの
テーブルといす

テーブルの高さに合ったいす

紙しばいやボードは
子どもたち全員が見える高さに調整

見やすい高さの紙しばい

テーブルは汚れてもふき取れるなど
清潔さを保てる材質を選ぶ

先生は1テーブルに1名つく

各班に1人ずつ先生がつく

B　いつもとちがう楽しいワクワク感の演出

ロールモデルと
お話

紙しばい舞台を使って紙しばいを見せる (P.61)
（当日の食材が登場する内容がおすすめ）

ロールモデル（おさるなどのぬいぐるみ）を使ってお話しする

ロールモデルが
食材を持参

ロールモデルが食材や資材をテーブルに運ぶ
（小さなお盆やバットなどに入れると配布・回収がしやすい）

ロールモデル

子どもたちの関心を引きつけ、まねをして実践しやすくするためのデモンストレーションをするのがロールモデル（模範モデル）です。どんなロールモデルでもかまいませんが、袋の中にある食べ物に触れるときなどは手が長いモデルが使いやすいです。目をつぶるときは目を閉じたメガネをさっとかけるなどの演出をすると、子どもはとても喜びます。

食材をかわいい袋や箱、布をかぶせたりして、「何かな？」と期待させる

かわいい袋に食材
を入れて、子ども
の期待を高める

再会を期してタッチでお別れ

紙しばい

紙しばい舞台は、子どもたちにとって小さな「劇場」です。いつもの絵本とちがった雰囲気を出すのに最適です。内容は栄養教育的なものではなく、食材の楽しさやおもしろさが素朴に伝わるシンプルなストーリーがおすすめです。紙しばいで子どもたちが想像力を働かせ、「さわってみたい！」「食べてみたい！」と自然に気持ちがこみあげて、これから始まる体験を楽しむ先導役を果たします。

1

にんにん にんじん

2
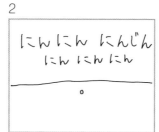
にんにん にんじん
にん にん にん

3
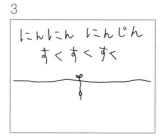
にんにん にんじん
すく すく すく

4

にんにん にんじん
ぐん ぐん ぐん

5
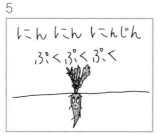
にん にん にんじん
ぷく ぷく ぷく

6
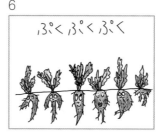
ぷく ぷく ぷく

7

にんにん にんじん
すぽ〜ん

8

にんにん にんじん
とん とん とん

9

にんにん にんじん
こと こと こと

10
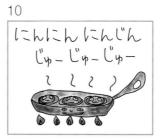
にんにん にんじん
じゅー じゅー じゅー

11

にんにん にんじん
ほか ほか ほか

12

にんにん にんじん
いただきま〜す

13

おいし〜い

14

「それまでざわついていた子どもたちが、紙しばいがはじまるとシーンとなって、集中するのがすごいなと思いました。」（2歳児クラス）

C 臨場感のある感動する食材の選択

自然な姿そのもの、
もしくはできる限り近いこと

できる限り有機農産物
(少なくとも減農薬栽培のもの)

信頼できる生産者や店から仕入れる
(子どもたちへの大切な教材であることを
理解してもらえる生産者が望ましい)

おもしろい形の
だいこんとにんじん

一律の規格ではなく、
多様な形 (規格外) があれば積極的に選択する

主役は「実物の食材」。実物の力は子どもの心にひびきます
子どもが喜ぶのはきれいなものではなく、自然の多様な姿

スーパーで売られているにんじん	農家さんから仕入れたにんじん
同じ形と大きさ	いろいろな形と大きさ
包装されてにおいがしない	生き生きとしたにおい
可食部だけ	根っこ (土つき)、葉、花がついている
皮がむけているなど自然ではない	自然そのまま
スーパーマーケット	有機栽培農家

教材としての食べ物

味の教室では、多くの野菜を京都市北部にある「里の駅大原」の日曜朝市に出品される農家さんや、長くおつき合いのある北海道津別町や大空町の農家さんから直接購入しています。

畑を見せてもらったり、野菜の育つ状況をお聞きして私たち自身が感じたことを、先生方や子どもたちに食材を通してわかりやすく伝えられるように工夫しています。また、生産者さんに私たちの活動を知ってもらい、子どもたちの反応をフィードバックすることも大切にしています。

抜きたてのにんじん
（ひげ根がたくさん）

収穫前のたまねぎ畑

にんじんの箱づめ

「野菜は動けませんよね。だからこそ強くてたくましい。私たちは健康な土壌を作っています。だから土をさわったりにおいをかいでほしい。元気な野菜が私たちにとっても環境にとっても大切なことを、子どもたちに感じてもらいたいです」

北海道網走郡津別町の
矢作農場さん

「有機栽培で野菜を作っています。子どもたちが自分の感覚で野菜とじっくり向き合うことは、とても大切なことです。自分たちの気持ちが子どもたちに伝わると信じています」

京都市左京区大原の
音吹畑の高田さん

大原特産の赤しそを持つ高田夫妻

おもしろいにんじんを選別

２本足の大根を収穫

D　集中の仕方と遊び方の工夫

食材を観察するときは
どこに着目するかを明確にする

虫メガネで観察

食材の表面だけでなく
断面も見せる

断面は縦と横など切り方を工夫する

断面観察用セット（フタに穴が
あいていて、においをかげる）

１つの感覚に集中させるようにする

（触覚やにおいに集中するときは目を閉じる、
そしゃく音に集中するときは耳を手で押さえる）

小道具の数々

楽しめる仕掛けとして小道具を使う

（袋、箱、布、くつ下、穴をあけた容器、虫メガネなど）

ワークシートにシールを貼ることで
自己決定を楽しむ

ワークシート

ワークシート

体験講座のしめくくりは、ワークシートにシールを貼ることです。子どもはどれがいいかの意思表示をします。お友達同士で見比べるのもよいでしょう。そして家に持ち帰ってもらうことで、家庭での会話の促しとなります。子どもが体験したことを家で保護者にお話しすることで、子どもの発達はいっそう促されます。

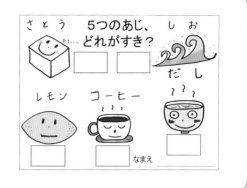

シールを貼らせると新たな発見がある

　子どもがワークシートにシールを貼るとき、子どもたちそれぞれの意思決定の様子を観察すると興味深いものがあります。最初から「これ」と即決する子もいれば、どれにしようかずーっと悩んでいる子もいます。ときには考えを変えて何度も貼りなおす子もいます。

　食べたときの感想とちがうほうにシールを貼る子もいます。幼い子は、試食したときの好みとワークシートの絵がつながって認識されず、絵を見たときの好みだけでシールを貼ることがあります。これは、そのときどきの気持ちで意思表示する子ども特有の現象で、子どもの発達過程を理解するうえでも興味深い現象です。大人はついつい子どもが間違えていると判断しがちで、「そっちじゃないでしょ！」と口を出したくなりますが、注意深く観察してあげましょう。

　3歳以降になると社会性がどんどん出てくるので、周囲の様子に合わせようと、みんなと同じものにシールを貼ろうとする姿も見られます。逆に、「みんなと同じにしなよ」とお友達に言われながらも、自分の好きなものを主張する子もいます。食べ物の好みは人それぞれ。何かが正しいわけではありません。大人が「多様な価値観の受容が大切」と言っていることを、子どもたちが体験する機会になります。

ワークシートで意思表示

E　先生も楽しみながら笑顔で声かけ

自らが積極的に楽しみ、やってみせる

すべての子どもたちが楽しく参加できる雰囲気作り

子どもの表情や言葉に耳を傾けて受け止める

正解はない。各自が何を感じているかが大切

「どんなにおいがする？」など多様な答えを引き出す質問

すぐにできなくても待つ
強制は禁物

子どもたちの感じ方が
それぞれちがうことを共有して楽しむ

子ども自身が感じて、自分の言葉で表現する
〜他人とのちがいも認識し、互いに認め合う〜

すごく おいしい‼ 大好きな味！	おいしい！ 好きな味！	まあまあ おいしい。 ふつうの味！	おいしく ない。 嫌いな味！

感じ方はみんなそれぞれだね。

子どもは敏感です

子どもたちはわかっています。子どもたちは先生やお友達の様子をよく見ています。そして一瞬の雰囲気を感じ取っています。子どもたちは決して強制されてはなりません。もし最初は手を出せなくても、子どもはお友達の様子や先生の言葉ををよく見たり聞いたりしています。

自分から自然に近づいていく時間を待ってあげます。決してあきらめず、食品に対する新奇恐怖を徐々に克服できるような声かけや雰囲気作りで近づけるように促していきます。新奇恐怖は子どもによっては、5歳あるいはそれ以上の年齢まで続きます。

先生は子どもといっしょに活動に参加して観察したり、試食を行います。味見の場面では、先生は先導者であり演者です。この過程は子どもとの感覚の共有を生みます。

NG 声かけ		**OK 声かけ**
野菜は体にいいから食べようね。	→	おいしそうだね。食べたくなっちゃうね。
苦いじゃなくて甘いでしょ？	→	苦いって感じるんだね。おもしろいね。
がんばってさわってみたらいいのに。	→	ツルツルするよ。さわりたくなったら教えてね。
○○ちゃんはみんなとちがうの？	→	みんなそれぞれちがうってすてきなことだよ。
曲がってるにんじんだね。	→	このにんじん、何に見える？たこさんかな？　それとも……？

先生といっしょにお魚にふれる　　　先生もいっしょに楽しむ

子どもの楽しい声に思わずニッコリ

子どもが感じたことを引き出す質問のヒント

　子どもたちの言葉の発達は個人差が大きいため、子どもの発話だけでなく表情やしぐさも観察しながら子どもへの声かけを心がけてください。

　2歳児でも子どもたちはしっかり感じて自分なりの意見や感想をもっています。子どもが五感を使って感じていることを言葉として引き出すためには、子どもがどの感覚器官を使って獲得した情報なのかを確認しながら、その情報について子どもに考えさせる質問が効果的です。以下に質問のヒントを列記します。

1. 子どもの観察に関する質問

　子どもの観察に関する質問は、子ども自身が獲得した情報についてたずねるものです。

　例：「目で見たときには、何色、どんな形に見えたかな？」／「両手で耳を押さえて食べたときには、どんな音が聞こえたかな？」／「手で袋の中の果物にさわったらどんな感じだったかな？」／「お鼻でくんくんにおいをかいだときは、どんなにおいだったかな？」

2. 子どもの記憶に関連した質問

　子どもの記憶に関連した質問は、子どもがその食材についての過去の経験や感じたことを思い出させるものです。砂糖水を「メロンの味」、塩水を「遠くのラーメンの味」（家族で出かけ昼に食べたのでしょうか）、昆布水を「おっぱいの味」（母乳も昆布水もグルタミン酸が多いのでそれを感じたのでしょうか）、たまねぎのにおいを畑のにおい（該当園のコンポスト堆肥のにおい）など、子どもの記憶に基づいた発言が飛び出します。

　例：「このにおいはどこかでかいだことがあるかな？」／「こんな味のものは食べたことがあるかな？」／「いつもこんな色・形だったかな？」／「これと同じのはどこで見たことがあるかな？」

3. 比較に関連した質問

　比較する質問は、同時に比較する対象物がある場合にたずねやすい質問です。大きさ、重さ、形、におい、味などのちがいについて質問します。同じ食材でも品種、可食部位、成熟度、調理方法、等によるちがいを比較できます。

　例：「緑のバナナと茶色のバナナをさわった感じはどうだった？」／「かつお節とさけ節はどちらのにおいが好き？」／「バナナの皮の裏と表はどんな感じだった？」／「ジュウジュウ焼いたにんじんとコトコトゆでたにんじんはどちらが好きかな？」

4．予想や推理に関する質問

　予想や推理に関する質問は、食の世界におけるさまざまな現象を子どもたちに観察、実験させる際に、子どもに予想や推理をさせることで学びが深まるものです。調理による変化（ゆでたたまねぎは透明になる、蒸かしたじゃがいものいいにおい等）から食べられることを予想したり、レモンとオレンジの輪切りの形から、柑橘類の仲間は同じような形と推理することもできます。にんじんの切れ端が生きていて成長するかどうかを予想することもできます。

　　例：「（にんじん、かぶ、等の）野菜や果物のおなかの中はどうなっていると思う？」
　　　　「緑色のバナナを置いておくとどうなるかな？」

5．応用質問

　応用質問は子どもたちが学んだものについて、他にも応用できないかと考え、その行動を促す質問です。五感を使った体験学習によって五感を使う楽しさを覚えることで、給食、クッキング体験や園庭での遊びにも広く応用ができます。食べたときのそしゃく音を聞くのがおもしろいと気づいた子に、給食時にそしゃく音がおもしろそうな食材の音をたずねたり、緑のバナナが黄色く成熟することを学んだ子に、（園庭や近隣にある）トマトや柿などの他の果実の成熟を観察させることなどです。

　　例：「（給食の）これは食べたらどんな音が聞こえるかな？」
　　　　「（給食の）この味噌汁はどんな味がするかな？」
　　　　「（園庭の野菜収穫時に）たまねぎの根っこはどうなっているかな？」
　　　　「（園庭の花壇や園外のお散歩で）この草の根っこはどんなにおいがするかな？」

6．意見や評価に関する質問

　意見や評価に関する質問では、子どもの声をそのまま受け止めることが大事です。子どもには子どもなりの理由が必ずあります。

　　例：「どうしてこっちが好きな味って思ったの？」
　　　　「どうしてゆでたにんじんより、焼いたにんじんをもっと食べたいの？」
　　　　「どうしてこっちに（好きという意思表示の）シールを貼ったの？」

4 2、3歳児対象の「味の教室」6回の実践例

1回目 「袋の中身は何かな？」

● ポイント

・その学年での子どもにとって初めての体験となる「味の教室」が、園児にとって「楽しい時間」、「次を心待ちにする時間」となるようにすることが最も大切です。

・初回は、あえて試食までは行わず、観察だけに留めます。

● 事前準備

・袋の中に入れる果物や野菜は、子どもにとってなじみのあるものを選びましょう。

・袋はかわいいものを選びましょう。

・さわった感触がおもしろいもの、柑橘やたまねぎのようにさわったにおいが手にうつるようなものがおすすめです。

・観察用の食教材は各班に一つ（一袋）ずつ、断面観察用の食教材は子ども一人に一つずつ配布し、いっしょに参加する各班の指導者の分も準備します。たまねぎの輪切りを使う際は、あらかじめ切っておき、目にしみる揮発成分を飛ばしておくとよいでしょう。

・子どもたちは手洗いをすませて着席します。（スモックを着せる場合もあります）

● 導入

・ロールモデルを冒頭に登場させて、元気にあいさつしてデモンストレーションにつなげます。

袋の中に食材を用意（実際は中が見えないように茶袋を内側に入れます）

袋の中に手を入れる

70

●観察１：触覚

・指導者自らが袋の中に手を入れて楽しそうにさわる姿を実演し、子どもたちはその様子をまねて袋の中に手を入れて食材にさわります。

・子どもたちにとって、袋の中身がわからない中で手を入れるには勇気が必要です。2歳児では難しいかもしれないので、2歳児にはあらかじめ中身を知らせ、安心してさわらせるのも一案。

●観察２：視覚、嗅覚

・袋の中から野菜や果物を取り出し、「（この果物の）おなかの中はどうなっているのかな？」と子どもたちに問いかけた後、ロールモデルに切るまねをさせて断面を見せます。3歳児は虫メガネも使います。

・子どもたち一人一人がじっくり観察体験できるように、一人1枚ずつ果物や野菜の切断面を配布します。各子どもによる観察に際して、私たちは特別感を出すために、子どもごとに観察・試食用のガラス皿を配っています。

ロールモデルの実演

まとめ

・「どれがいちばん好きだった？」と最後に聞いて、ワークシートにシールを貼ってもらいます。シールを貼るときに理由を説明してくれる子もいます。ワークシートはお家に持ち帰ります。内容の正確さより、子どもの楽しそうな様子から何かを感じ取ってくれたらうれしいですね。

・最後はロールモデルが子どもに次回の来訪を約束して、子ども一人一人とタッチして教室を去ります。ロールモデルと仲よしになった子どもたちは、ロールモデルの次の来訪を楽しみにするとともに、その日に実践した体験を楽しい記憶として覚えてくれるようです。

断面観察用たまねぎ（1セットずつ各班配布）

ガラス皿にのせた観察用オレンジ片（1皿ずつ各児配布）

補足説明

・いろいろな野菜や果物で楽しめますが、時間内（30分間）でじっくりと観察したほうが効果的です。特に2歳児では2種程度の体験がおすすめです。

・ガラス皿の利用にあたっては配布前に必ず「大事なお皿ですから、遊んだり振り回したりしないでくださいね。お約束守れますか？」との声かけを行い、子どもの「はーい！」という声に「ありがとう」と応答すると、子どもたちはガラス皿を大切に扱います。

「3つのバナナ」

● ポイント

・いよいよ試食がはじまります。出されたものを反射的に食べるのではなく、自分が五感を使って食べていることに気がつきます。

・最初の試食になるので、子どもたちになじみがあり通年で入手可能なバナナ3種（緑、黄、茶）を定番として使っていますが、園児にアレルギー等の問題があれば、りんご2種（赤、緑）等に変えてもかまいません。

● 事前準備

・第2回目は、視覚や触覚、嗅覚だけでなく、いよいよ試食による味覚体験がはじまります。子どもたちにおなじみのバナナですが、熟度のちがう3種類を用意します。緑、黄、茶で、視覚（色・質感）、触覚（かたさ）、嗅覚（におい）、味覚（甘味）、そして聴覚（そしゃく音）と、五感すべてでちがいを感じることのできる教材です。店頭で見ることのない緑のバナナは、果物屋さんにあらかじめ注文することで入手できます。

・各班の観察用には3種を1本ずつ、園児には7mm程度の厚さの輪切りを一人に1枚ずつ配れるよう切っておきます。

● 導入

・ロールモデルといっしょに紙しばい、それからロールモデルによる観察の仕方のデモンストレーションを行います。

・紙しばいは黒いバナナか緑のバナナを題材にするとよいでしょう。見慣れないものにも興味をもってもらい、さわったりにおいをかいだりする活動への参加を促すためです。

● 観察1：触覚・視覚・嗅覚

・各班に3種のバナナを配布し、子どもたちが順番にさわったりにおいをかいだりします。子どもたちが取り合いをすると、茶色いバナナはやわらかいのでグニャッとつぶれたりちぎれたりします。大切に扱わないといけないんだなと子どもたちは体験で学びます。色だけでなく、手ざわりやにおいも大きくちがうので楽しい食材です。

おふとんに見立てた布をそっとはいでバナナ登場

・3本のバナナを配布する際に、布をかけて、「バナナさん、おねんねしてるからそっとさわろうね」と子どもたちに声かけすると、子どもたちも優しくさわってくれます。

バナナにそっとふれる

●観察2：視覚・嗅覚・触覚・聴覚・味覚

・次に3種のバナナの輪切りの試食を配布します。緑色のバナナはかたくて、食べてもゴリゴリし、渋みも残っていますが熟して黄色くなると甘くて、香りのよいバナナとなります。シュガースポットの出た茶色いバナナは甘くよい香りがしますが、やわらかくなりすぎてクチャッとします。熟すにしたがって皮の色も変化して茶色になるだけでなく、だんだん薄くもろくなることを皮むきで体感します。食べることでやわらかくなること、甘くなることなども五感を通じて発見します。教えることではなく、感じた中で気づくことです。

・子どもたちは感じたことを表情や言葉でどう伝えるのか考えます。いつも食べているバナナなのに、よく観察するとさまざまな発見があります。

試食用のバナナの準備

まとめ

・3種のバナナの絵を描いたワークシートを用意し、自分の好きなもののほうに子どもがシールを貼ります。黒いバナナは見た目がよくないですが甘味は強いです。ただし、好みは分かれるところで、子どもなりの理由があります。「どうしてそれが好き？」と聞いてあげると、とても興味深い言葉が返ってきます。

つま楊枝で傷をつけた
バナナとメッセージ

補足説明

・バナナは緑の姿で輸入され、国内の専用の室（むろ）で、温度やエチレンガス（果物の成熟ホルモン）の管理環境下で熟度が調整され出荷されています。室に入る前の緑色のバナナを入手すると緑がいつまでも残り、ちがいは際立ちますが、放置してもなかなか熟成しません。一方で、室に入れたものは徐々に黄色く変化しますので入手時にどちらなのかたずねておきましょう。

・余った緑色のバナナを教室内に飾っておくと、徐々に黄色く変化することが実感できます。自然のものには食べるタイミングがあることを学ぶ教材にもなります。

・黄色のバナナの皮につま楊枝で傷をつけると、そこだけ色が変わり、絵や文字が書けます。

「5つの水」

● ポイント

・3回目は5つの基本味の体験です。これまで自分が食べてきたものには、これらの味があることに気がつきます。(2歳児は甘味、塩味、酸味の3つを体験)

・水溶液を飲む最初の体験です。普通の食品のようにさわったりしてから口にすることができず、いやな味でもすぐに吐き出せないので、提供は少量に留めましょう。

● 準備

・水溶液の濃度設定は、濃くなりすぎないように注意するいっぽう、薄すぎると判別が難しくなります。塩分は、一般に保育園の給食のみそ汁(塩分濃度0.4〜0.5%程度)を目安に調整しています。以下は5種の水の濃度調整の一例です。

●甘味：グラニュー糖(3%)　　●塩味：海水塩(0.4%)
●酸味：クエン酸(0.13%)　　●うま味：昆布(1%)
●苦味：ノンカフェインコーヒー(0.5%)

5つの味(3歳児用)

・のどのかわく夏場に、冷蔵庫で冷やした10〜15度程度を提供しています。

・これらの5種(2歳児は3種)の水溶液の入ったボトルを各班分用意します。さらに口をすすぐために水のボトルも用意します。ボトルには、2歳児にはあらかじめ中身が想像できる絵をつけておきますが、3歳児には絵を見せないで、中身を想像させています。

・水溶液に溶けているものの例として砂糖(角砂糖)、塩、レモン、昆布、コーヒー豆などの現物もプラスチックケースの中に用意します。

3つの味(2歳児用)

・各子どもに10mlの透明な試飲カップ1つを用意します。

・各班に1つ、試飲ができない、飲みきれない分の溶液を捨てる容器を用意します。

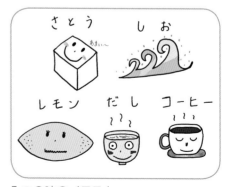

5つの味のイラスト

● 導入

・ロールモデルが、見た目は透明な水に魔法をかけて「味」をつける、といった演出を行います。魔法の呪文を用意して、子どもたちといっしょに唱和することで、子どもたちの参加意欲を高めます。

● 観察：味覚・視覚・嗅覚

・試飲カップに味見用のごく少量を注ぎます。

・最初は子どもたちが受け入れやすい甘い水を提供します。「どんな味がする?」とたずねると、「甘い」という抽象的な言葉を使う子どもは少なく、「メロンの味」とか「ジュースの味」といったこれまでの経験を話す子どもが多いです。子どもたちが味見した後に、水溶液に溶けているもの（角砂糖）を観察させます（なめたがる子どももいます）。以下同様に塩味、酸味、うま味、苦味と進めます。最後に、これ以外の味を混ぜた「?」の水もクイズで行ってみてもよいでしょう。

水に味をつける魔法使いの姿をするロールモデル

まとめ

・5種（2歳児は3種）の味の絵を描いたワークシートに用意し、子どもたちが自分の好きなものにシールを貼ります。飲んだときの反応で、甘い味が好きと思われる子どもが、海の波の絵の描かれた「塩味」にシールを貼ったりすることもあります。

ロールモデルといっしょに試飲

ワークシートで意思表示

補足説明

・試飲ができない、飲みきれない分の溶液を捨てる容器は、最初から「飲めなかったらここに捨てていいよ」と出してしまうと、子どもは試飲カップの溶液を捨てるのが楽しくなってしまい、試飲せずに捨てる遊びをはじめてしまいます。どうしても飲めない子の分を、先生の脇に置いた容器に捨ててあげるのがよいかもしれません。

・コーヒーのカフェインを気にする保護者もおられるかもしれません。ノンカフェインのコーヒーをなめる程度ですから、その量はほとんど気にするレベルではありません（10ml飲んでも市販のミルクチョコ1かけに含まれるカフェインの10分の1以下です）。

野菜っておもしろい

● ポイント

・同じ野菜でも調理方法や部位によって、食感や味が大きく異なることに気がつきます。

・子どもが苦手とする野菜でも、食感等が変わると食べることができて、苦手克服のきっかけとなる場合があります。

・体験する野菜は1種類にし、さらに調理のちがいか、部位のちがいのどちらかを選んで実践してください。あれもこれもと欲張るよりは、じっくりとゆっくり丁寧な活動で子どもたちを集中させるほうが効果的です。

・以下になすでの取り組み例を記載します。

● 準備

・野菜は、導入から観察、試食の流れを考えて、その時期に入手可能なものを選んでください。園庭で子どもたちと栽培している野菜が利用できると理想的です。園庭での栽培や収穫時に五感を使った取り組みができて効果的です。例えば、子どもたちに植物の根っこのにおいをかがせてあげると、作物ばかりでなく雑草の種類によって根っこのにおいもちがうことに気がついて、子どもたちの植物への興味や関心が深まります。

干しなす

・多くの子どもが苦手とするなすであっても、普通のなすの他に緑や白のなすや長なすや丸なすなどの見慣れないものを用意することで、子どもたちの関心を引きつけることができます。規格外の変な形のなすなども面白い教材になります。

・子どもたちと干し野菜作りを行って、野菜に親しむことも一案です。

・旬の力強い、子どもたちが見て楽しいお野菜を選んでください。

・試食では、お鍋でゆでたものとトースター、フライパンで焼いたもので、食感や味が大きく異なります。

いろいろななす

● 導入

・子どもたちが野菜を見てみたい、さわってみたい、と思うようになる導入が必要です。関連する絵本を読んであげたり、野菜を主人公にしたオリジナル紙しばいを作って、親しみを持ってもらう工夫をするとよいでしょう。

● 観察１：触覚・視覚・嗅覚・聴覚

・なすのヘタ（なすさんの帽子）のトゲに気をつけながらさわります。帽子の端を持ち上げると、下から緑色が出てくる品種もあります。

・なすを軽くトントン叩いて音を聞きます。

・輪切りの断面を見る時間では、各自に一つの断片を渡し、目で見て皮と中身のちがいや種の発見などを行います。皮をむこうとしたり、ちぎりながら中の種を取り出したりします。

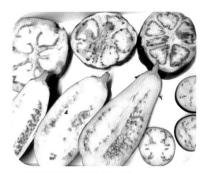

なすの断面（種がある）

● 観察２：味覚・聴覚

・ゆでたなすと焼いたなすのように、調理方法のちがいによる食べ比べをします。焼いたなすが意外と甘いことなどに気がつきます。

・試食の際には、子どもたちに耳を手で押さえてそしゃく音を聞く取り組みを促すと効果的です。

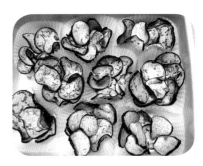

焼きなす

まとめ

・その日のテーマの食べ比べの絵を描いたワークシートを用意し、子どもたちが自分の好きなもののほうにシールを貼ります。

調理方法のちがいがテーマの
ワークシート

補足説明（にんじんでやる場合）

・葉っぱをちぎり、その作業で出てくるにおいなども体感します。

・輪切りのにんじんの維管束部分（中心部の少し黄色い部分）だけを押し出したりする子もいます。

・輪切りの外側のオレンジ色の部分と中心部の黄色い部分も食感が異なります。

・ゆでたにんじんはやわらかく食べやすい一方、焼いたものはかみ切ることが必要です。子どもの好みの意思表示は、子どものそしゃく力と関連している可能性もあります。

・にんじんの頭頂部の切れ端（胚軸部）の水耕栽培で、葉が出てくる様子を観察できます。

うまい味って？

● ポイント

・和食の要となるうま味素材の体験です。

・昆布、かつお節、煮干し、しいたけ等、保存の効く乾物でわずかな量でしっかりとした味つけができるうま味素材は古くから重宝されてきた素材です。塩分や糖分、油脂分の摂取過多による生活習慣病の予防のためにも、これらの「濃い味つけ」でなくても満足できる料理に仕上げられる「うま味」の活用が世界中から注目されています。

・うま味に慣れ親しんでいる子も多い中、そうでない子も見かけられます。

・以下に煮干しでの取り組み例を記載します。

● 準備

・煮干しについてはいろいろな種類が入手できる一方、味は意外と異なります。日頃からどのお店でどんな種類が入手できるか目星をつけておきましょう。

３種の煮干し

・いわしの煮干しは簡単に手に入り、一人１匹ずつの解体観察ができる素材です。

・煮干しは、一般的なかたくちいわしのほか、あじ、あごなどの煮干しとの比較観察も子どもたちは喜びます。

・試食には、あらかじめ骨等のかたいところや苦い内臓のところを除いて粉砕した煮干しの粉末が子どもたちには好評です。時間があれば準備しておいてもよいでしょう。

煮干しの粉（粉末加工器具利用）

・すり鉢とすりこぎを準備して粉砕のデモンストレーションをすると、子どもたちがやりたがります。

・煮干しのだし汁も準備して試飲してみましょう。それぞれの煮干しが水に浸けられ、その水（だし汁）を飲んでいることがわかるように、プラスチックカップに水と煮干しを入れてサンプルとしておきます（p.50）。

● 導入

・ロールモデルを使って、海から出て、ひなたぼっこをしているうちに「カチンコチンになっちゃった」といったお話などをして、煮干しを登場させます。

● 観察：触覚・視覚・嗅覚

・いわしとあじ等の煮干しを観察させます。あじにはゼイゴと呼ばれるトゲトゲしたウロコが胴から尾にかけてあることなどに注目させます。

・いわしの煮干しを一人１本ずつ与えて解体させます。子どもたちは黒い内臓部分や骨などを発見します。

・解体されたものをすり鉢に回収して、すりこぎでゴリゴリと粉砕して粉末を作る様子を見せます。多くの子どもが「自分もゴリゴリしたい」とせがみます。

● 試食

・いわしとあじの煮干しから作った粉末を食べ比べます。食べやすいせいか大人気です。

・いわしとあじの煮干しから作っただし汁を飲み比べます。慣れている子とそうでない子がいるようです。「おばあちゃんがいる家の子は慣れている」との観察報告をされたベテラン保育士さんもおられました。

まとめ

・食べ比べをした煮干しの絵を描いたワークシートを用意し、子どもたちが自分の好きなもののほうにシールを貼ります。先生は、子どもがどうしてそちらを選んだのか、会話をします。

ロールモデルが煮干しを持参（子どもに選ばせて１本ずつとらせます）

煮干しの解体

すりこぎで粉砕

補足説明１（昆布の場合）

・長い昆布（長昆布や日高昆布のように細いもの、羅臼昆布や真昆布のように幅広のもの）を入手して、現物を見せると子どもは喜びます。

・がごめ昆布は、ねばりが強い糸を引く水を作れます。

補足説明２（けずり節の場合）

・けずり節になる前の節そのものが入手できると、かたい節の存在感が楽しいです。

・かつお節にはカビ付け前の荒節とカビ付け後の枯れ節があります。

・同じけずり節でも、かつお節はイノシン酸が多く酸味を感じ、さけ節はグルタミン酸が多く甘味を感じます。

好きなほうにシールを貼る

6回目 ボックスゲーム（食材に親しむ体験）

●ポイント

・ゲーム感覚で食材に親しむ体験です。

・箱の中（年末であればクリスマスプレゼントの入るサンタさんのくつ下）に食材を入れて、その中に手を入れて、さわった感覚や手についたにおいから食材を探し出す体験です。

・同じようなさわり心地の食材でも、品種が異なると味がちがうものがあることに気づきます。

・応用編として、給食の食材を探し出すゲームができます。子どもが自分自身で探し出した食材には愛着がわきますので、給食時間前にゲームを行い、給食にその食材が入っていると、子どもの食欲がちがってきます。

サンタのプレゼントで
食材登場

●事前準備

・さわった感じはいっしょでも、味が異なるような食材（例えば、数種類のじゃがいも）にするのも一案です。

・各班に箱（またはくつ下）を配布し、その中にはいくつかの食材（各班の園児に一つずつ持たせることのできる食材数があると、先に終わった園児が手もちぶさたになりません）と食材以外のもの（例えばボールや木球などのおもちゃ等）を入れておきます。

・虫とりかごのような透明な箱に食材やおもちゃを入れて、手探りする本人だけ目隠しをするやり方もあります。その場合、周囲は手探りしている様子が見えて楽しい声かけも期待できます。しかし、実践する子どもが感覚を研ぎ澄ますのに集中できないおそれもありますので、最初のデモンストレーションや最後のまとめで指導者がデモンストレーションをして見せるのも一案です。

くつ下の中には3種のじゃがいもと木球

子どもたちに配られる食材の
入った箱

●導入

・子どもたちが喜んで参加できるように、プレゼント（食材）の入った箱（またはくつ下）を楽しく紹介します。

箱の中から食材が登場

● 観察：触覚・嗅覚

・一人ずつ順番に、箱（くつ下）の中に手を入れて食材を探らせます。

・探る本人が感覚に集中できるよう、箱に布をかけたり、本人が目隠しをしたりします。

箱の中から手の感触で食材を探す

● 試食

・じゃがいもは皮つきのまま、いちょう切り（または輪切り）にして一切れずつ子どもたちに試食させます。

・試食前にはよく観察し、においのちがいなども体験させます。

・色のちがう品種によって好みが分かれたり、皮だけ残す子や皮だけ食べる子など、子どもたちのさまざまな嗜好を観察できます。

試食用に蒸したじゃがいも

まとめ

・食べ比べをした野菜の絵を描いたワークシートを用意し、子どもたちが自分の好きなもののほうにシールを貼ります。指導者は、子どもがどうしてそちらを選んだのか、会話をします。

選んだ理由を話しながら、ワークシートを仕上げる

補足説明

・じゃがいもは食感の異なる（粉質：だんしゃく等、粘質：メイクィーン等）ものや色の異なるものなど、さまざまな種類があります。

・2度程度の低温で越冬したじゃがいもは糖化が進み甘くなります。新じゃがと食べ比べるとその甘さのちがいに驚きます。

その他の教室の実践例と子どもたちの反応

クッキング
（食材の調理による変化の体験）

●ねらい

・クッキングでは、調理前の食材が調理によって変化することを五感で体験できます。

・片栗粉を例にとれば、乾いたコキコキする状態から、水を加えて底にかたく沈殿した状態、お湯に溶かして透明なとろみにすることができ、見てさわってさまざまな変化が体験ができます。

・生わかめを湯に入れるとサッと緑に変わるような、色の変わる体験もおもしろいです。

・塩、砂糖、酢などの調味料の添加で、味がガラッと変わったり、同じ塩や砂糖でもいろいろな味があることを知るのもおもしろい体験です。

・簡単なりんごのパンケーキの例を紹介しますが、上手に完成品を作ることよりも、調理過程での五感を使ったさまざまな発見に重点を置いて取り組んでみてください。

3種のお砂糖

● 事前準備

・加熱器具としてホットプレートを用意します。

・生地に使う砂糖は、黒砂糖、白ざら糖、てんさい糖などを用意して味比べ体験もして選びます。

・生地に入れるりんごは赤と緑を用意します。各自に輪切り1枚ずつを配布し、型抜き体験をして、抜いたものをケーキに使います。余った周辺部は生食の試食用とします。

●導入

・エプロンをつけたロールモデルが食材を持って登場します。（かごには布をかけて、園児は中身を想像します）

・調理前に食材をしっかり観察します。

本物とおもちゃ（右下）のりんご

● 調理手順

- 各班で米粉（小麦のアレルギーに配慮して米粉を使用）と砂糖、水を容器内で混ぜて生地を作り、各自がオーブン対応紙カップに分注する。
- りんごを型抜きして生地にのせる。余った周辺部は生食の試食用にとっておく。
- ホットプレートにオーブン対応紙カップをのせて5分焼く（加熱してかたまる様子も体験する）。

りんごの型抜き

● 試食

- 型抜きして残った生のりんごと、パンケーキで焼いたりんごを食べ比べる。

各班配布分を重ねて変色防止のためラップして準備

型抜き後のりんごは試食

パンケーキに各自の旗を立てて楽しさを演出

まとめ

- ワークシートでその日に食べ比べた生のりんごと焼いたりんごのどちらが好きか、子どもたちが自分の好きなほうにシールを貼ります。どちらが好きか、子どもがどうしてそちらを選んだのか、会話します。

補足説明

- クッキングは自分のために作るだけでなく、みんなで作ったり、だれかのために作ったりすることで、別の大切な学びを得ることができます。子どもたちは大好きなロールモデルのためにも作ってくれました。
- 自分の作ったものがわかるように、各自が作った旗を立てておくと楽しいです。

ロールモデルにもパンケーキをプレゼント

魚にさわろう、さばこう、食べよう
（生き物としての食材を感じる体験）

● ねらい

・魚には目や口があり、解体すると私たちと同じような内臓器官（心臓、胃、腸）をそろえており、生き物としての食材を感じる格好の食材です。

・魚が苦手な子も、この体験を通じて「食べられるようになった」との声を多く聞いています。

・子ども自身が五感で体験することを重視して、年齢ごとに子どもが参加できる内容（3歳はさわるだけ、4歳は簡単調理、5歳は25cmくらいの魚を調理ハサミでさばく体験）を実践しています。

● 事前準備

・私たちは北海道網走市の底曳き漁船船主に依頼して、漁獲後すぐに凍結したまだらやすけとうだらの他に混獲された雑魚5種程度（観察用）をイベント開催の2日前に当地に着くように手配しています。発泡スチロールの箱内で完全に解凍せずに保管します。

・冷凍の魚を使うことで、天候不良などによって魚の入手が左右されず予定通りに講座を行えること、また漁獲直後に冷凍することによって胃内容物が未消化で残るので観察に適すること、子どもたちの調理ハサミを使った解体体験には、少し冷凍が残った状態のほうが内臓の形を残しながら取り出しやすいこと、といったメリットがあります。

・それぞれの土地で、どのような魚を入手して講座ができるか、地元の魚屋や漁協、行政などと相談して楽しい講座を企画してください。

・せっかくの魚ですから、なるべく多くの園児が体験できるよう、園全体で、クラス別に観察体験をする等の時間割を作成します。

・最初の導入から試食開始まで概ね70〜90分程度のプログラムです。

・準備物

　　　　　漁獲等説明：漁獲の様子がわかる動画、パネルを使った説明、等に必要な資機材

　　　　　魚解体デモンストレーション：デモンストレーション台（子どもが見ることができるよう高さの低いもの）、まな板、包丁、調理ハサミ、水産手袋（大きなヌルヌルした魚を持つのに便利）、調理手袋、ペーパータオル、布巾、水洗い用ボウル、お魚展示用バット（切り身用、骨や内臓用）

　　　　　雑魚観察用：展示机、展示用バット

　　　　　調理体験用：作業机、紙新聞、調理ハサミ（子ども用）、アルミホイル、大鍋（煮魚用）、ホットプレート（ホイル焼き用）

● 導入（漁獲や魚の説明）

・深い海に生息する魚を説明するために、パネルを使った小劇場を行います。

・魚の生息環境、漁獲、箱づめを伝える動画を観ます。

・魚を発泡スチロールの箱から出して、順次説明します。

● 魚の解体と観察

・60cm 位のまだら（または、すけとうだら）を解体して内臓、卵等の説明。

・胃袋内の未消化物の観察をします。

観察するお魚

● 調理体験

・4 歳児：さばかれたたらの半身（切り身）を使ったホ
　　　　 イル焼き（ホットプレート利用）

・5 歳児：調理バサミを使った 25cm 位のすけとうだら
　　　　 のウロコ、内臓除去体験と煮魚調理（大鍋と
　　　　 カセットコンロ利用）を行います。

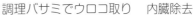

調理バサミでウロコ取り　　内臓除去

● 試食（給食）

・調理したものは給食に使
　います。

魚をさわる　　　　　　　煮魚作り　　　　　　　ホイル焼きに挑戦

まとめ

・加熱調理中、あるいは給食時間を利用して子どもたちの感想などを聞きます。

・子どもたちは魚をさわるのが大好きです。試食する魚の他に、いろいろな魚も用意しておくと、つかんだ感
　じ（かたい、やわらかい、ヌルヌル、ザラザラ）、ウロコや歯、舌のちがいまで、子どもたちは教えてくれます。
　タラの歯の形から大食漢の魚であることを推察した園児がいて驚きました。中には魚のにおいのちがいまで
　教えてくれる子もいます。子どもたちの好奇心と観察力には脱帽です。

評価の方法

五感を使った食の体験学習を評価する方法を以下に例示します。

1. 記録と振り返りの例

　サペレメソッドは、食を教材として、子どもたちがどのように感じているかをていねいに観察しながら、その発達を支援していく手法です。先生は、子どもたちがどんな反応をしたのか具体的な言葉でメモします。一方、五感を使うということは、小さい子どもにとってはどうやったらいいのか気づかないことがあります。ロールモデルの様子を見たり、先生が実際にやってみせたりすることで、やり方を覚えていきます。一つ一つ集中してみることで自分の感覚を研ぎ澄まし、どんな感じなのかを考え、表情や言葉にします。そのためには、先生の声かけがとても重要になります。子どもたちの反応や先生が意識して取り組んだことなどを記録し、関係者間で話し合う「振り返りの時間」を持つとよいでしょう。

● 子どもたちの観察メモ

（第　　回目）	記入者：
👁 視覚	
✋ 触覚	
👂 聴覚	
👃 嗅覚	
👅 触覚	
👄 味覚	
全体メモ （声、表情、雰囲気など）	

● 担当保育士による子どもたちの観察メモの例

	2歳児	3歳児
触覚	● 「○○みたい〜」「さわりたい〜」「ザラザラしている」。目をつぶるのを少しとまどいながら袋の中に手を入れている。 ● 初めての取り組みで目をつぶってといっても、中身が気になり、のぞく子が多かった。感触というよりギュッと握って確認するような姿でした。	● 袋に手を入れるとりんご、バナナなどすぐに果物の名前を答えていた。果物をギュッと握ってなかなか離さない。バナナについてはさわりながら「なんか長いな〜」と。りんご…「なんか冷たいな」と。
視覚	● 「しっぽあるね」「こんな形してる」と手で丸を作っている。袋の中に入ってた果物が出て目で見えて、さらにさわってみたいと手を伸ばす姿がある。 ● 表現の仕方、言葉のやりとりが難しい。のぞき込んで見ていて、保育士が後ろ側や色、模様などを伝えるとそこから広がっていった。	● りんご…「赤いな」とひとりが言うとほかの子も「赤いな〜」と。りんごの茎をみて「なんかついているな」といい、「つのみたいやな」。オレンジのへたにも「なんかついているわ」と興味を示す。
嗅覚	● 「○○の味がする」「いいにおい」「もう一回したい」。友達が話す言葉を聞くことが少しずつできている姿があった。 ● 甘い、ジュースのにおいなどの言葉を言っていた。	● 「なんかいいにおいがする」と言いながらニコリとする。オレンジ…「みかんやな」と。
全体メモ （声、表情など）	● 声は感覚ごとに変化がある子とない子があったので、イメージや表現の部分で日常でも取り入れていきたい。はじめは手をひざに置くことができるが、目の前に果物が出ているとさわったり、かいだりするほうへ興味が出てきている。 ● 袋に入ったものをロールモデルがさわったりにおいをかいだりするとき、子どもは真剣に見ていて自分もまねしようとする子もいた。おうちに帰ってワークシートをもとにお話しました、などの声も聞かれました。	● 最初、手を袋に入れるとき、少しドキドキしたような顔つきの子どもがいた。さわると安心したようで、表情がやわらいだ。 ● 目を必死につぶって、指先の感覚に集中していた様子がすごかった。「先っちょはとがっている」とか「ザラザラしているところがある」など細かいことにも気づいていてびっくりした。

2. 先生の子どもの食へのかかわり方を自己評価する質問例

　子どもの食についてのさまざまな知識を得ることは大切なことです。しかし頭ではわかっていても、行動が伴わなければ何ごとも変わりません。子どもとかかわっていくにはスキル（自信度）アップも必要です。以下は、先生の意識、行動、自信度について把握するための質問票の一例です。年度始めと終わりに同一の質問票を使って、変化を把握するのも有効です。

● 質問票の例

		全くそうではない	そうではない	どちらでもない	そうである	全くそうである	わからない
意識に関する質問	1. 五感を使って食材を観察するのは楽しい	1	2	3	4	5	6
	2. 身近な食材でも子どもたちと楽しめる	1	2	3	4	5	6
	3. 知らなかった子どもたちの一面を垣間見る有意義な機会である	1	2	3	4	5	6
	4. 子どもたちといっしょに自分も楽しめる	1	2	3	4	5	6
	5. この時期の子どもたちへの食育は知識よりも体験が重要だ	1	2	3	4	5	6
	6. 嫌いな食べ物がある子どもでも、食材に親しむ機会があると自分から食べてみようと思う気持ちが生まれる	1	2	3	4	5	6
	7. 自分で感じて、じっくり考えて言葉にする時間は大切だ	1	2	3	4	5	6
	8. 食べ物からでも自然や生き物を感じることができる	1	2	3	4	5	6
	9. 自分や自分の家族の食についても見直す機会にしたい	1	2	3	4	5	6
	10. 他の保育士（保育園）にも「味の教室」をすすめたい	1	2	3	4	5	6
行動に関する質問	1. 声かけなど、積極的に子どもへ働きかけている	1	2	3	4	5	6
	2. 自分自身も五感を意識して使っている	1	2	3	4	5	6
	3. 子どもの表情やしぐさをよく観察している	1	2	3	4	5	6
	4. 子どもの言葉に耳をかたむけている	1	2	3	4	5	6
	5. 給食室や他の職員同士との連携を図っている	1	2	3	4	5	6
	6. 食育活動について自分から提案している	1	2	3	4	5	6
	7. 「味の教室」のようなことを子どもたちにやっている	1	2	3	4	5	6
	8. 子ども同士のコミュニケーションを積極的に促している	1	2	3	4	5	6
	9. 保護者からの食の相談に「味の教室」で得た体験や知識を役立てている	1	2	3	4	5	6
	10. 保育士の仕事に対してやりがいを感じている	1	2	3	4	5	6
自信度に関する質問	1. 苦手な食べもがある子どもに対して、声かけや応対を積極的に行う自信がある	1	2	3	4	5	6
	2. 子どもが安心して食事をするための介助をできる自信がある	1	2	3	4	5	6
	3. 味やにおいなどをきっかけに子どもといっしょに考える自信がある	1	2	3	4	5	6
	4. 子どもの食への発言やしぐさから、子どもが何を求めているかを感じる力への自信がある	1	2	3	4	5	6

3. 子どもの食べる力を評価する方法

　幼少期は将来の食の基盤を作る大切な時期ですが、個人差や変化も大きな時期です。食べる力を育てていくためには、子どもの現状について把握することが必要です。

　しかし、子どもは園では食べるが家では食べないなど、園の先生と保護者がとらえる子どもの姿が異なることも多々あります。先生から見ると、保護者が子どもの食について必要以上に心配して育児ストレスとなっている場合も少なくありません。

　大きく変化する未就学児の食について適切に対応していくためには、園の先生から見た子どもたちの様子や保護者から見た各子どもの様子について以下のような質問票での調査を行うことが有効です。

●園の先生による子どもの食行動の評価方法の一例

	全く そうではない	そうでは ない	どちらでも ない	そうで ある	全くそうで ある	わから ない
1. 食材への興味や関心をもっている	1	2	3	4	5	6
2. 苦手な食材でもひと口はチャレンジしようとする	1	2	3	4	5	6
3. 給食等の食事時間を楽しんでいる	1	2	3	4	5	6
4. 食べる際に食材のにおいをかぐしぐさをする	1	2	3	4	5	6
5. 園庭の植物など自然物のにおいをかぐしぐさをする	1	2	3	4	5	6
6. 給食時に（耳をふさいで）そしゃく音を聞くことがある	1	2	3	4	5	6
7. 給食時によくかんで食べている	1	2	3	4	5	6
8. 給食時に自分の好みや考えを話すなど食に関する発話が多い	1	2	3	4	5	6
9. 園での生活全般で自分の感じたことを話す	1	2	3	4	5	6
10. 友達同士での考え方や好みのちがいも自然に受け入れている	1	2	3	4	5	6

●保護者アンケートによる子どもの食行動の評価方法の例

	全く そうではない	そうでは ない	どちらでも ない	そうで ある	全くそうで ある	わから ない
1. 口ざわりが悪いものは食べない	1	2	3	4	5	6
2. お皿にのった苦手な食品をより分ける	1	2	3	4	5	6
3. 嫌いな食べ物は口に入れても吐き出す	1	2	3	4	5	6
4. 嫌いな食べ物は日によって食べなかったりする	1	2	3	4	5	6
5. 全く食べない食べ物がある	1	2	3	4	5	6
6. いつも慣れ親しんだ食べ物を食べようとする	1	2	3	4	5	6
7. 初めての食べ物は受け入れにくい	1	2	3	4	5	6
8. 自分の知っている食べ物だけを好む	1	2	3	4	5	6
9. 味見する前から初めての食べ物はいやがる	1	2	3	4	5	6
10. 初めての食べ物を見ると動揺する	1	2	3	4	5	6
11. 嫌いな食べ物の横にある初めての食べ物は食べ ようとしない	1	2	3	4	5	6

※上記質問項目の1〜5は「えり好み」に、6〜11は「新奇恐怖」に関連したものです。
　好き嫌いの一因となる「食の新奇恐怖」という現象は、2歳児頃から出はじめ6歳頃まで続くとされますが、好き嫌いの一因ではあるものの、自立に伴って、新たなものに慎重であろうとする当たり前の本能的行動でもあります。必要以上に直さねばいけないと考える必要はありませんが、新しいものにふれる機会を与えなくていい、ということでもありません。新しい食べ物に慣れるには十数回の味わい体験が必要、という研究報告があります。

●子どもたちが苦手としそうな野菜についての摂取状況を聞き取る質問票の例

野菜の種類	食べる	声をかければ 食べる	食べたり食べ なかったりする	あまり 食べない	全く 食べない	食べたことが ない（未経験）
きゅうり	1	2	3	4	5	6
にんじん	1	2	3	4	5	6
ブロッコリー	1	2	3	4	5	6
ピーマン	1	2	3	4	5	6
なす	1	2	3	4	5	6
トマト	1	2	3	4	5	6
ごぼう	1	2	3	4	5	6
たまねぎ	1	2	3	4	5	6
ねぎ	1	2	3	4	5	6
はくさい	1	2	3	4	5	6

健康のために腸活が大事といわれますが
子どもはどうしたらいいですか？

● 腸内細菌叢（さいきんそう）とは、腸内に住む多種多様な細菌の集まりのことです。

● ヒトの腸内には成人で約 1.5kg の細菌が住み着いており、ヒトの遺伝情報の 2 倍の情報をもって、さまざまな物質を作り出します。この中には、人間の健康に必須なものが多数あります。

● 赤ちゃんの腸内細菌は、生後直後は母乳に含まれるオリゴ糖が好物のビフィズス菌が大多数です。離乳食が始まると、それをエサとしてさまざまな細菌が住むようになります。

● さまざまな腸内細菌が住むことによって、ビタミン K が腸内細菌によって作られたり、はちみつによるボツリヌス菌中毒の心配をしなくてよいようになります。

● 免疫等、人の健康維持に多くの役割を果たしていることが解明されつつある腸内細菌叢ですが、3 歳頃にはほぼ成人型となり、その後はあまり変化しない（変化させるのが困難）といわれています。

● サペレメソッドの講座では、いろいろな食べ物に興味をもたせる効果が確認されています。

加齢に伴う腸内細菌叢全体の変化（次世代シーケンサー※による結果）
※ゲノム、遺伝子解析システム

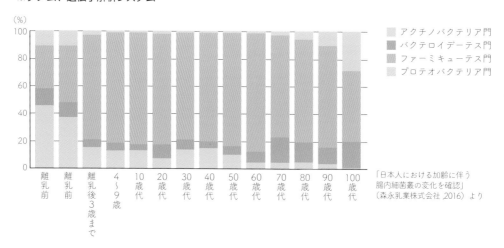

凡例：
アクチノバクテリア門
バクテロイデーテス門
ファーミキューテス門
プロテオバクテリア門

横軸：離乳前／離乳前／離乳後3歳まで／4〜9歳／10歳代／20歳代／30歳代／40歳代／50歳代／60歳代／70歳代／80歳代／90歳代／100歳代

「日本人における加齢に伴う腸内細菌叢の変化を確認」（森永乳業株式会社 ,2016）より

多様な腸内細菌を味方にするには
自然のいろいろなものを食べることが大切です

歯科医から「3歳の食が一生を決める」と教わりましたが本当ですか？

- 乳歯20本が生えそろう3歳には、いろいろなものが食べられるようになります。そして、食べたものをエサにする腸内細菌叢（さいきんそう）のバランスも決まってきます。

- この時期につけておきたい力の一つは、「よくかんで食べる」ことです。

- 現代は食事に時間をかけたくない風潮ともあいまって、食べやすく、飲み込みやすい形態の食が周囲に氾濫していますが、かみ応えがあり、よくかんで食べることを促す食育が望まれます。

- よくかむことでかたい食品も食べられる他、焼き魚のように骨のあるものでもかんでいるうちに骨の存在に気がついて、それを除去して食べるようになります。しかし、丸飲みのくせがつくと骨をのどにひっかけてしまい、以後、焼き魚を敬遠する等、将来の食の幅をせばめることにつながります。

- よくかんで唾液を使って食べることで、細菌やウイルスをやっつける効果が期待できます。腸内に不要な異物を入れないことで、免疫を担う消化管への負担を減らす効果が期待できます。

- サペレメソッドの講座では、そしゃく音を楽しむ方法を伝えています。これをきっかけとして「よくかんで食べる」習慣につなげていきます。

そしゃく音を聞く取り組みでかむのが楽しくなる

よくかんで食べることが健康への一歩です

海外では、サペレメソッドを使った食育に
取り組んでいる国もあるのですか？

　2017年にフィンランドの国家栄養審議会が発行した早期幼児教育・養護についての食事勧告「食から健康と楽しみを」には、サペレメソッドに基づく五感を使った「感じる食育」が、国の食育目標達成に最適と記載しています。

　フィンランドは「医者にかからない、病気にならない」取り組みを重視しています。「キシリトールを使った虫歯予防」などのほか、動物性脂質の摂取減と野菜の摂取増を指導して心疾患による死亡者数を35年間で85%も削減した実績があります。そして糖尿病や認知症などの各種疾患リスクを減らして、将来の健康を享受するために幼少期からの食習慣形成に取り組んでいます。

　また、フィンランドは世界トップクラスの教育先進国でもあります。「フィンランドメソッド」による「考える力」や「コミュニケーション力」を重視した教育を実践していることで知られます。

　サペレメソッドによる食育は、食を通じて子どもが感じたことを自らの頭で考え、それを表現することで他者とのコミュニケーション、相互理解につなげようというものです。

　サペレメソッドの食育に取り組んだ当初は、フィンランドでも幼稚園（注：フィンランドのシステムでは保育園はなく幼稚園）の教員たちは、「食育ならケータリング担当の仕事で、自分たち教員の仕事ではない」という反応だったそうです。しかし、サペレメソッドの「子どもの感覚に寄り添う、子どもが自分の意思を示す」といった点に気づくとともに、「これは子どもの発達支援に責任ある私達教員の仕事である」との態度に変わったそうです。人口500万人の国で、すでに7,000名以上の先生がサペレメソッドの研修を受講しています。

　フィンランドにおけるサペレメソッドを使った食育は、従来の食育を超えた、幅広い意味の食育として取り組まれています。

　フィンランドは未来志向の国です。「良い給食は未来への投資」として今から70年以上前に世界初の無料給食を実現しました。食べる力は未来を拓く力になるのです。

　フィンランドをはじめとした北欧諸国は、総じてサペレメソッドを使った食育に熱心に取り組んでいます。それは女性の社会参画率が高く、幼児の食や教育への関心が高いことと無縁ではありません。

フィンランドの食事勧告には
SAPERE を明記

・欧州ではそれぞれの国がそれぞれの幼児教育環境を踏まえて、サペレメソッドの取り組みを行い、理想的と考える教室の姿もさまざまです（右記参照）。
・以下の写真は、スウェーデンの幼稚園での取り組み例ですが、この例は少人数の子どもを対象に1人の先生がすべてを行っています。

欧州の専門家による「五感を使って味わう学習（taste class）の理想的教室例

専門家の国籍	5歳児対象クラスの理想的教室	
	年間実施回数	1クラス人数（スタッフ数）
ノルウェー	20回	20人（3人）
フィンランド	5〜10回	最大15人（2〜3人）
フランス	10回	回答なし
オランダ	10回	20人（2人）
スウェーデン	20〜30回	6人（1人）
ベルギー	12回以上	4〜8人（2人）

2016年Sapere国際学術会議ノルウェーで筆者によるアンケート

先生と子ども一人一人との対話を重視するスウェーデンの幼稚園

サペレを実践する教室の表示

袋の中のものにふれる

袋の中のにおいをかぐ

りんごの説明

りんごをナイフで切る

りんごをフライパンで焼く

焼いたりんごを1片試食

パンケーキ生地を加える

サペレメソッドは子どもの未来に必要なスキルを与えてくれます！

第 4 章

未就学児の五感を使った
保育・食育の重要性

子どもが健康でたくましく
育ってほしいのは皆の願い。
親や養育者にできることはなんでしょうか？

「食べる力」を身につけることです。

　未来の社会環境は、これから生きてゆく子どもたちにさまざまな挑戦を仕掛けることでしょう。新しい感染症の流行や地球温暖化による環境変化などのほか、私たちの生活を豊かにする目的で開発した便利な技術そのものが、ときには私たちに逆にストレスを与えることも考えられます。そうした挑戦に対して適応力を発揮することが、健康であるためには必要です。適応できなかった場合に健康を損なうのです。

　健康に生きていくために、何よりも大切なことは人間らしい力の源泉である「食べる力」を保持することではないでしょうか。人間も他の生き物と同じ仕組みによって生きています。体の各細胞は、食べた栄養を材料として日々更新されています。健康は腸内細菌の働きも含め、私たちが食べたもので維持されています。体外にある生き物を体内に取り込んで生命をつないでいます、その行為が「食」です。

　動物は体内に取り込む異物の良否を五感で判別しながら食べていますが、簡単便利な食が周囲に氾濫する中で、人間はその能力を使うことを忘れがちになり、皮肉にも、この能力は退化の方向にあるのかもしれません。好き嫌いが激しいから嫌いなものは出さない、好きなものしか出さないから好き嫌いがない――これでは感覚がにぶり、変化への適応力が欠けてしまいます。

　子どもたちが生き物らしいたくましさを失わないように、子どものうちに生き物が備える五感を使い、食を感じる体験を積み重ねることから「食べる力」を育てることが必要です。

子どもは与えられたものをただ食べるだけの存在でしょうか?

いいえ、子どもは自立したがっています。

　そして、学びたがっています。自分で食事を作ったり、外食したりすることのできない乳幼児は、親や養育者から提供される食に完全に依存しています。だからといって、子どもは与えられたものをただ食べるだけの存在ではありません。与えられたものから何かを学びとろうとし、ときには与えられたものを拒絶もします。それはなぜでしょうか?　子どもには学びたい気持ち、自立したい気持ち、自己主張したい気持ちがあるからです。一生の「食の学び」のスタートは、生きていくために必要不可欠で、毎日提供される「食を感じること」にあります。子どもたちは本能的に食べるものには強い関心を示し、驚くほどの集中力を発揮します。

上手に食べてくれる子どもに育てればよいのでしょうか?

自ら食べるように促します。

　忙しい毎日の中では、とにかく早く、全部食べてほしいと、そのことばかりに目が向いてしまいがちです。そして栄養をしっかりとれるように考えた食事を、全部食べてほしいあまり、強要してしまうことも。乳幼児は、親や養育者が与えるものを食べるしかありません。たとえ上手に食べさせることができたとしても、それは提供者の自己満足で、子どもの「食べる力」にはなりません。ましてや、強要された食べ物は嫌いになることが多いものです。つまり、無理に「食べさせれば食べさせるほど将来の嫌いなものを増やす」という逆効果になるのです。与えられたものをただ食べることは、いつまでも自立しないことにもつながります。子どもに食べさせながら、子どもの「食べる力」を育てることが必要なのです。子どもは「食べる力」をつけることで、自らの「生きる力」を獲得していきます。「食べる」主人公は子ども本人であり、「食べる力」は将来を生き抜くために必要不可欠な力です。食べる本人に主体的にかかわるよう促すことが必要です。

　サペレメソッドには自分から食べてみようと思う気持ちにさせる工夫が散りばめられています。

Q 子ども本人が「食べる力」をつけるために
どのような支援が有効ですか？

A 子どもの気持ちに寄り添うことです。

　子どもの気持ちを考えるヒントは、子どもが感じていることを聞くことにあります。それには子どもがしっかりと感じることができるような環境を用意して、上手に声をかけて聞き出すことが必要です。子どもの「おいしい！」というひと言だけで満足していませんか？子どもは何も考えずに親からの質問に反射的に「おいしい」と答えているだけかもしれません。親が「どうしておいしいと思ったの？」と聞くことによって、子どももしっかりと感じることを意識し、考える訓練になります。例えば「前に食べた〇〇みたいだから」と、子どもはうれしかった記憶を思い出すかもしれません。あるいは「この味が好き」と味や食感などの好みを話すことができるかもしれません。

- ●子どもへの声のかけ方、たずね方が大切です。
- ●子どもが自ら楽しんで五感を使う意識づけが効果的です。

Q 忙しい毎日の食の時間でできる
工夫はありませんか？

A 3分間のフードトークで大きく変わります。

　子どもが自ら「食べる力」をつけようとする時期に、適切な支援を行っていくことが大切です。その内容は食事提供者の自己満足で終わってはダメです。子どもに「教えよう」という意気込みが強すぎると、子どもは自ら「学ぶ」ことをしません。ちょっとした教材（食べ物）の魅力的に見える工夫と子どもへの声かけによって、子どもは自ら学ぶ楽しさを覚えます。

　人間にとっての食の役割は、動物とは異なる側面があります。他の動物と異なり、だれかのために食事を作り、だれかといっしょに食事を食べて、豊かな社会を形成してきました。同じものを食べる体験は、他者との身体感覚の共有を通じた相互理解を促進させます。子どもが好きな料理について、その理由を聞いてみたことがありますか？　人は食べ物を五感、知識、思い出で判断することができます。これらを駆使した「食べる力」は社会生活で大いに役立ち、人生を豊かなものにします。日常の食事において、子どもが何を感じているかを観察しながらの、食に関する話（フードトーク）をすることが、子どもの食べる力を育て、食の自立を支援します。

五感を意識して使うことが
なぜ「学び」になるのでしょうか？

 子どもが主体だからです。

　五感を使って感じているのが、子ども本人だからです。感じることは人それぞれで、正解や不正解はありません。レモン汁を入れた水溶液をすっぱいという子が多い中で、「甘い」、「塩辛い」と表現する子もいます。すっぱいと言わないから間違いということではありません。よく味わうと、確かにそのような味もしてきます。大事なことは、子どもは大人からどのように感じたかをたずねられたときに、「自分の体験に価値が置かれている」ととらえて答えていることです。大人が子どもの感じたことを受け入れることで、子どもは自分が感じたことを他者に受け入れてもらえたとして、自分の存在に自信を持ち、生きる力を伸ばしていきます。

 五感を使う体験学習は
どんな効果がありますか？

 原体験となって、体に記憶されます。

　のちに知識を学んだ際に「生きた知識」として根づきます。人間の五感で知覚して記憶に残るものを「原体験」と呼んでいます。原体験の第一義的な役割は、多様な五感刺激が、ヒトの大脳皮質のシナプス形成やネットワーク化に寄与することです。それらが著しく促進され、全体の90％が完成する乳幼児期から小学校低学年が体験活動の最適期といわれています。乳幼児期の原体験が先行経験としてあれば、後から学んだ知識が生きてくるといわれ、逆に原体験のない知識は生きた知識とならないと言われます。例えば、緑色のバナナが成熟に伴って黄色、そして茶色へと変化する姿を五感を使って体験した子どもは、緑の柿がオレンジ色に変化する姿から、触感や甘さ、においなど変化を想像することができ、食べ物には食べ頃があることや生き物は成熟することを理解し、もの事をなすためにはタイミングが重要という概念を理解することができます。

　多様な五感の刺激は脳の発達に寄与し、そのときの楽しい気持ちとあいまって、そのときの感覚が記憶となって残ります。食は幼少期に最も身近な自然物でもあります。食を使った五感の刺激は、優れた体験学習効果をもたらします。

これまでの食育活動とのちがいはなんですか?

保育の要素がより大きい食育です。

　サペレメドッドは、子どもの感覚を重視して、内発的な動機づけを促す手法です。子どもに知識を伝授するのではなく、子ども自らが学ぶことを重視することで、従来の食育を補完し、保育の要素を強く意識した、より広い意味をもつ食育です。

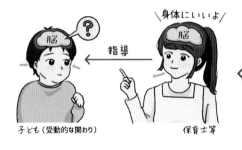

従来の食育	サペレメソッド
・一般的な知識をベースにする	・個人の感覚をベースにする
・教師から「これは〇〇です」といった知識伝授型（例：栄養になるよ、体にいいから食べなさい）	・子どもの「僕はこれが好き」といった感性重視型（例：この味が好き、おもしろい、楽しい）
・子どもの個性より、全体に通じる考えを重視（食べる主体よりも食べ物主体：food education）（例：食べ物に含まれる栄養素）	・子ども個人の個性や嗜好を重視（食べ物よりも食べる力：meal education）（例：五感をきたえる味の教室）
・多人数を対象とする取り組み（例:芋掘り、クッキング、三色分類での栄養教育）	・クラス（班）単位、個人対象の取り組み（例：日常の保育活動、保育の延長）
・大人が外発的な動機づけの支援を行い、子どもは受動的	・内発的な動機づけの支援を行い、子どもは能動的
・子どもは与えられたものを食べる存在	・子どもは自分の感覚を主張する存在
・苦手なものを減らす取り組み	・好きなものを増やすアプローチ

相互補完

五感を使った食育はいつからはじめたらよいでしょうか？

 2歳頃がおすすめです。

　なるべく早くはじめたほうがよいのです。体験学習の最適期は、乳幼児期から小学校低学年といわれています。小学校に入るまでが絶好の機会です。多くの生活習慣は、生まれて1,000日の間に形成されると言われますので、早いうちからの取り組みが効果的です。保育園では、乳歯がそろいはじめ、コミュニケーションがとりやすくなる2歳からの取り組みが有効です。この時期は、ちょうど偏食のピークとも重なりますので、好き嫌いを放置することなく、新しいものにチャレンジする態度を養うことも大切です。食べ物を使った体験学習は子どもが本能的に喜ぶプログラムですが、強制や焦りは禁物です。いろいろなことを感じている時期で、主体性を育てるチャンスです。焦らずに楽しんでください。

●欧州の専門家による「五感を使って味わう学習（taste class）」の開始適齢期

専門家の国籍	開始年齢	理由
ノルウェー	2〜3歳	ちょうど効果的
フィンランド	2歳	子どもに開始・参加に十分なスキルがある
フランス	2〜3歳	よりインパクトがあり、効果がある
オランダ	0.5歳	味覚の発達は、生まれて1000日の間に起こるため
スウェーデン	2〜3歳	早くスタートすることは重要で、2〜3歳なら可能
デンマーク	2〜3歳	コミュニケーションが容易になるため
ベルギー	3歳前後	大部分の習慣は5〜10歳までに学習するため

2016年 Sapere 国際学術会議ノルウェーで筆者によるアンケート

補足説明

- ●子どもの好き嫌いには大きく2つの要因があるとされます。新奇恐怖とえり好みです。
- ●新奇恐怖は2歳前から始まり、6歳頃まで続きます。新しいものに慎重になるのは、本能的に大切な行動です。しかし、これが強く、いつまでも残ると偏食が大きくなります。
- ●食のえり好みも2歳頃からはじまります。好きなものばかり食べる食習慣が定着してしまうと、大人になってからの改善は困難です。
- ●成長に従って新奇恐怖等はなくなりますが、新しいものにチャレンジする態度が育つわけではありませんし、成人してから食の多様性を楽しんだり、健康な食生活を営む基礎にはなりません。

Q ライフステージでの位置づけは？

生涯にわたる食の基盤となります。

　サペレメソッドは、子どもが五感を使って楽しみ理解を深める食育です。子どもの成長に伴って、食とのかかわり方は給食や家庭科で栄養の知識を学んだり、経済などの実学で社会との関係を知るといったように変化し、食育の内容も多様になります。サペレメソッドの五感を使った体験学習は、これらの食育活動の基礎となるものです。

	各年代の食との関わり	食育活動の例
出生	・与えられる食（母乳）への完全な依存	
離乳	自我の芽生えと周囲の食への関心 ・給食の開始（共食）	五感を使って食べ物を判別する感覚学習
3 歳		・園庭や自然体験学習の中での食育
小学生		・給食で栄養の知識を学ぶ学習 ・家庭科（調理） ・理科、社会科などの教科教育
中学生	・給食終了（昼食の自己選択開始）	
高校生		・経済、家政学などの実学
大学生	・食の選択幅拡大（外食、飲酒）	
社会人		・保健指導 ・栄養指導
高齢者		

食べ物で遊ぶのはもったいないのでは？

食べ物から学び、大切にする気持ちをはぐくみます。

　「食べ物で遊んではいけない」と習ったことがある方は多いと思います。サペレメソッドでは子どもたちが野菜を手でじっくりとさわり、ときには葉っぱをちぎってにおいをかぎます。その姿を見て「もったいないからやめさせたい」と思われるかもしれません。しかし、子どもたちの遊んでいる姿をよく見れば、子どもたちが自分の五感をフル活用して食べ物を理解しようとしている学びの過程にあると気づくと思います。食べ物を大切にさわって親しむことは、生き物に対する愛着を生み、自分から食べてみようとする気持ちを高めます。食べ物を粗末に扱い、無駄使いをするのではありません。

　サペレメソッドによる食育によって、園での残食が減ったというフィンランドの報告があります。日本でも、給食のおかわりが増えたと報告してくれた園もあり、フードロスを減らす効果も期待されています。

　原っぱや道端で植物をちぎる機会や、食材もラップされて直接ふれる機会が激減した昨今、生き物を五感で感じる体験はとても重要です。使用する食材は料理に使わない野菜の切れ端でもいいのです。市場に出ない虫食いや規格外品といわれるような食材のほうが、かえって子どもたちは喜びます。園に畑がなかったら、近くの農家さんに声をかけてみてください。きっと喜んで分けていただけるでしょう。

苦手な食べ物でも残さず食べさせるべきでは？

子どもの気持ちを考えて「好き」を増やします。

　「なんでも残さず食べましょう」という指導は食マナーや栄養教育として言われてきました。現代は外食での濃い味付けで高エネルギーな料理を残さず全部食べると肥満や生活習慣病になってしまいます。

　また、食べたくないものや嫌いな食べ物を無理強いされたらどうでしょうか。いやな記憶は大人になっても残り、自分で食べるものを選ぶ年頃になると口にしなくなります。野菜などは健康的な食べものですが、好きであれば自然においしく食べる習慣ができます。

　子どもが食べ物を残したときは「どうして食べないの？」「がまんして食べなさい！」というより、「何が残ったのかな」「好きなものから食べたんだね」と対話からはじめてみることです。サペレメソッドは、子どもの気持ちを尊重しながら、「好き」を増やしていきます。

資料
平成 27 年度乳幼児栄養調査（厚生労働省）

第 32 表　子どもの食事で困っていること（年齢階級別）－ 年齢階級別、困っていること別、人数、割合 － 総数（2 ～ 6 歳）

年齢階級		総数	困っていることがある	食べること（食べ物）に関心がない	小食	食べすぎる	偏食する	むら食い	早食い、よくかまない	食べ物を口の中にためる	食べ物を口から出す	遊び食べをする	食べるのに時間がかかる	食事よりも甘い飲み物やお菓子をほしがる	その他	特にない
総数	実数	2,613	2,148	140	424	134	805	657	247	173	122	648	857	479	156	465
	構成割合(%)	100.0	82.2	5.4	16.2	5.1	30.8	25.1	9.5	6.6	4.7	24.8	32.8	18.3	6.0	17.8
6 か月未満	実数	0	0	0	0	0	0	0	0	0	0	0	0	0	0	0
	構成割合(%)	0.0	0.0	0.0	0.0	0.0	0.0	0.0	0.0	0.0	0.0	0.0	0.0	0.0	0.0	0.0
6 か月～1 歳未満	実数	0	0	0	0	0	0	0	0	0	0	0	0	0	0	0
	構成割合(%)	0.0	0.0	0.0	0.0	0.0	0.0	0.0	0.0	0.0	0.0	0.0	0.0	0.0	0.0	0.0
1 歳～1 歳 6 か月未満	実数	0	0	0	0	0	0	0	0	0	0	0	0	0	0	0
	構成割合(%)	0.0	0.0	0.0	0.0	0.0	0.0	0.0	0.0	0.0	0.0	0.0	0.0	0.0	0.0	0.0
1 歳 6 か月～2 歳未満	実数	0	0	0	0	0	0	0	0	0	0	0	0	0	0	0
	構成割合(%)	0.0	0.0	0.0	0.0	0.0	0.0	0.0	0.0	0.0	0.0	0.0	0.0	0.0	0.0	0.0
2 歳～2 歳 6 か月未満	実数	153	132	7	14	10	48	44	33	19	20	67	29	30	9	21
	構成割合(%)	100.0	86.3	4.6	9.2	6.5	31.4	28.8	21.6	12.4	13.1	43.8	19.0	19.6	5.9	13.7
2 歳 6 か月～3 歳未満	実数	302	264	16	36	10	98	108	41	31	39	123	77	83	21	38
	構成割合(%)	100.0	87.4	5.3	11.9	3.3	32.5	35.8	13.6	10.3	12.9	40.7	25.5	27.5	7.0	12.6
3 歳～3 歳 6 か月未満	実数	326	273	16	53	18	106	92	33	20	18	95	98	74	21	53
	構成割合(%)	100.0	83.7	4.9	16.3	5.5	32.5	28.2	10.1	6.1	5.5	29.1	30.1	22.7	6.4	16.3
3 歳 6 か月～4 歳未満	実数	335	277	20	55	20	96	87	25	21	17	86	116	69	24	58
	構成割合(%)	100.0	82.7	6.0	16.4	6.0	28.7	26.0	7.5	6.3	5.1	25.7	34.6	20.6	7.2	17.3
4 歳～4 歳 6 か月未満	実数	371	299	13	60	18	114	100	28	23	10	83	125	63	19	72
	構成割合(%)	100.0	80.6	3.5	16.2	4.9	30.7	27.0	7.5	6.2	2.7	22.4	33.7	17.0	5.1	19.4
4 歳 6 か月～5 歳未満	実数	323	281	27	68	13	114	77	26	20	6	78	134	49	19	42
	構成割合(%)	100.0	87.0	8.4	21.1	4.0	35.3	23.8	8.0	6.2	1.9	24.1	41.5	15.2	5.9	13.0
5 歳～5 歳 6 か月未満	実数	330	260	21	57	17	102	71	30	15	4	54	111	49	16	70
	構成割合(%)	100	78.8	6.4	17.3	5.2	30.9	21.5	9.1	4.5	1.2	16.4	33.6	14.8	4.8	21.2
5 歳 6 か月～6 歳未満	実数	319	251	17	57	18	84	55	24	18	5	41	114	43	17	68
	構成割合(%)	100.0	78.7	5.3	17.9	5.6	26.3	17.2	7.5	5.6	1.6	12.9	35.7	13.5	5.3	21.3
6 歳～6 歳 4 か月未満	実数	154	111	3	24	10	43	23	7	6	3	21	53	19	10	43
	構成割合(%)	100.0	72.1	1.9	15.6	6.5	27.9	14.9	4.5	3.9	1.9	13.6	34.4	12.3	6.5	27.9

（複数回答）

第31表　子どもの食事で特に気をつけていること　－気をつけていること別、人数、割合－総数（2～6歳）

子どもの食事で特に気をつけていること		実数	構成割合（%）
総　数		2,614	100.0
気をつけている		2,569	98.3
	栄養バランス	1,881	72.0
	いっしょに食べること	1,816	69.5
	食事のマナー	1,752	67.0
	楽しく食べること	1,282	49.0
	食べる量	1,240	47.4
	規則正しい時間に食事をすること	1,177	45.0
	料理の味つけ	983	37.6
	間食の量（間食は適量にする）	950	36.3
	よくかむこと	733	28.0
	食べる物の大きさ、かたさ	533	20.4
	料理の盛りつけ、色どり	498	19.1
	間食の内容	325	12.4
	いっしょに作ること	270	10.3
	その他	45	1.7
特にない		45	1.7

（複数回答）

●厚生労働省が定期的に行っている「乳幼児栄養調査」から子どもの食事で困っていることや特に気を付けていることの傾向が把握できます。困っていることのうち「偏食」は2歳から6歳の各年齢でおよそ3割の家庭が困っていると回答しています。自閉症スペクトラム障害（ASD）に高い割合で偏食が併発することが知られるなど、一口に偏食と言ってもその背景や対処法は様々です。また2歳児では「遊び食べ」が4割強と最も高い割合を示しますが、これは年齢が上がるに従って減少します。生活の中で大人のように「食事時間」だけを切り離して理解することのできない幼少期の特徴として養育者側が受け止めることが大切で、必ずしも問題行動ではないと指摘されています。

参考　保護者の声

保護者アンケートから子どもたちがとても楽しそうにご家庭でお話ししている様子がうかがえました。知識ではなく、楽しい体験があることは何よりも大切なことです。自分の感覚に自信をもつことで自己肯定感が生まれ、その感覚を子どもにとって、最も大切なご家庭の親や養育者が受け止めてあげることは何にもかえられない自己肯定感を高めます。この日常的な繰り返しによって子どもはかけがえのない生きる力を得ていきます。

＊わが子は果物を全く食べず、幼い頃は気になっておりましたが、変わらない現状にここ最近、家庭ではあまりふれずにおりました。（本児の兄は好んで食べるので、その姿は本児も見ています…。その程度です。）
「味の教室」の取り組みを通し、家では見られない姿を園の先生からお聞きし、うれしく感じています。家庭では全くふれようとしない果物にふれ、においをかぎ、身近に感じられた機会をありがたく感じています。
子ども自身「味の教室」をすごく特別な時間に感じているようで、とても楽しみにしております。引き続き活動を楽しんでくれることを、うれしく、また親にとっても楽しみに見守りたいと思います。　（3歳男の子：30代母）

＊「味の教室」があった日は、自分から「黄色と緑と黒のバナナ食べた！」など話をしてくれて、とても楽しかったのが伝わってきました。親子で食材の話をするよいきっかけになっています。
またたまねぎの皮むきなどを家でもしてくれるようになりました。自分からにおいをかいだり、かじってみたりして、食材への興味関心が広がっているのを感じます。とてもよい機会を与えてくださりありがとうございます。
　（2歳男の子：30代母）

＊毎回とても楽しいようで、当日に配られた用紙を大事にして、家でも「味の教室」の様子をよく話してくれます。買い物に行ったときにも、この教室で教えてもらったことを思い出して、「青いりんご買おう」と言っていたことがありました。　（2歳女の子：30代母）

＊家では日常に追われ、あまりゆっくりと味に重点的に取り組みにくいので、本当にありがたいです。
配られたプリント等で、親も知らなかった視点に気がつくことができておもしろいです。ぜひ続けていただけたらうれしいです。　（3歳男の子：30代母）

＊給食と「味の教室」のおかげで、好んで食べなかったものを食べるようになりました。また、自分でもそのことが「できるようになった」という意味で自信につながったようです。　（3歳男の子：30代母）

＊普段、なかなか子どもに伝えてあげられないことを、あらためて時間や手間をかけて教えてもらえる機会を得て、とても感謝しています。おかげさまで、「調味料をなめてみたい！」という好奇心が育っております。
　（3歳男の子：30代母）

＊保育園で、このような教室をしてくださると聞いて、ありがたかったです。「味の教室」がある日は親も楽しみで、子どもから話を聞くのが楽しいです。「味の教室」でやったことを覚えていて、ふとしたときに思い出して話をしてくれます。　　　　　　　　　　　　（3歳男の子：30代母）

＊たいへん興味のある取り組みだなと思いました。疲れてしまうと、つい手抜きがちになりますが、節目節目で子どもから「味の教室」の話を聞くと励みになります。ありがとうございました。　　　　　　　　　（3歳女の子：40代母）

＊とても興味のある取り組みです。子どもの意外な一面とか感じ方がそれぞれで、「味の教室」の話を聞くのが毎回楽しみでした。貴重な経験をさせていただきありがとうございました。　　　　　　　　　　（3歳男の子：40代母）

＊毎回「味の教室」を楽しみにしており、「味の教室」があった日にはいつも楽しそうにお話ししてました。「味の教室」が始まってから、食卓でも料理の味だけでなくにおいや食感や作り方の話をしてくるようになったり、いっしょに買い物に行くと、お野菜コーナーで野菜の名前を順番に言っていくなど、以前よりも食や食べ物に興味をもつようになっているなぁと感じることが多かったです。今回で「味の教室」が終わると聞いて、親子ともども残念に思っています。今後また継続されることがあればうれしく思います。ありがとうございました。　　　　　（2歳男の子：30代母）

＊子どもの感性に訴えかけるすてきな教室だと思います。
　　　　　　　　　　　　　　　　　　（2歳男の子：30代父）

＊毎回楽しかったと感想を聞いています。「味の教室」でいただいてきた紙は、毎回大事に自分でファイルにまとめてしょっちゅう取り出しては、そのときに教えてもらったことや見たことを話しています。　（2歳男の子：30代母）

＊「感じたことを否定も肯定もしない、感じることに正解はない」というところに衝撃を受けたんですが、やはり長年のくせで正解を求めてしまう自分がいます。「味の教室」に参加することは、娘にとって食に対するやわらかい頭をつくるよい経験になると思います。　　（3歳女の子：40代母）

＊どうして好きなのか、どうしてそれにシールを貼ったのか、さわったものはどんなだったなどすごく詳しく伝えてくれ、食への関心、意欲の向上がとてもよく見られ、コミュニケーション能力の向上にもつながっているので、ぜひ続けてほしいです。　　　　　　　　　　　（3歳男の子：30代母）

＊「味の教室」のおかげで食べているときのポリポリという音を確かめたり、におったり、とても食べ物に興味をもってくれるようになった。全く食べなかった野菜や果物も少しずつ口に入れるようになってきました。
　　　　　　　　　　　　　　　　　　（2歳男の子：30代母）

2020年度
「五感をきたえる味の教室」
実施8園の
保護者アンケートの結果
（回答者187名）

●子どもが「味の教室」を楽しんでいた…99％

●子どもが食べものや料理に関心をもつようになった…80％

●子どもが食事のお手伝いをしたがるようになった…72％

●子どもの好き嫌いが少なくなった…39％

●子どもの感性に気がつくきっかけになった…80％

●今後も継続して欲しい…99％

参考　園の先生方の声

「味の教室」に参加した指導者（保育士・幼稚園教諭・給食関係者）も、子どもたちといっしょに食材を五感で楽しく体験します。子どもとの肌感覚の共有を介して、子どもに対する新たな気づきや共感が生まれます。アンケートでは体験した指導者自身に行動変化が生まれ、子どもの食行動も良好に変化した様子が確認されました。96%の指導者方が、「ほかの先生（園）にも「味の教室」をすすめたいと思った」と回答しました。

＊「五感を使って……」が、子どもたちにとって大事だ、となんとなく思ってはいても、「どんな風に?」「どうやって?」というのが、初めて参加した頃の思いでした。私は3年間参加させていただいて、言葉で表わせなくても、表情やしぐさで子どもたちなりにさまざまなことを感じとる2歳児や、なんとか言葉で伝えようとする3歳児など、感じる思いはたくさんあるんだと学ばせてもらいました。また、単においしい、まずいだけでなく、「五感」を使うことが食育の一つなんだなとも学ばせてもらいました。友達といっしょに経験できたことも、子どもたちにとっては大きなことだったと思いました。　　　　　（保育士、勤務経験23年）

＊今年度初めて「味の教室」に参加させていただきました。私自身も初めて知るものも多かったり、五感を普段あまり意識せずに過ごしているんだなと気づきました。五感を使うことで、新しい世界が発見でき、その発見を共有して楽しむことができるので、五感を使う大切さをあらためて感じるよい経験になりました。子どもたちの新しい表情を見ることもできましたし、楽しむ姿を見て、うれしくも思いました。これを機に、自然や生き物、食べ物への興味が広がるように、どう工夫してつなげていけるかなと考えていきたいと思いました。　　　　　（保育士、勤務経験10年）

＊毎回、子どもたちは楽しみにしていました。大人の声のかけ方によって、子どもの姿が全くちがってくることをあらためて感じました。食に対してあまりうまく自分が広げてあげられず、毎回悩んでいるのですが、お二人の声かけにヒントをいただき、学ぶことが多くありました。

（保育士、勤務経験13年）

＊「味の教室」に参加して、本当にたくさんのことを学ぶことができました。自分の知っている食材でも、いろいろな種類があることを知ったり、知らなかった食材にも出会うことができました。また、自分自身も食材を、見る、かぐ、さわるなどといったことをじっくりとする機会がなかったので、新しい発見をすることができて楽しむことができました。子どもたちの発言から気づかされるものがあったり、そういう考えもあるんだなあ、などと感じることができました。食材を知るってことは、大切なことで、おもしろいなあと思いました。「味の教室」を重ねていくうちに、食べ物に対して興味をもつ子どもが増えてきたように感じます。給食を食べているときも「なんの野菜〜?」や、「これおいしいね〜」などと話すことが多くなり、うれしく思いました。

（保育士、勤務経験3年）

＊初めて「味の教室」に参加しましたが、私自身、題材となった食材について知らないこともたくさんあり、勉強になりました。「味の教室」後、給食中にお口の中に食べ物を入れ、耳をふさぎ、かんだときにどんな音がするのか楽しんでいる子も多く、五感を使って食事をする楽しさを味わっている場面がよく見られました。毎日、食事をするだけでなく、においをかいだり、食感を楽しんだり、日々の中でも五感を使って食事し、さらに子どもたちが食について興味がもてるよう今後、かかわっていきたいと思います。

（保育士、勤務経験１年）

＊初めて「味の教室」に参加して、子どもたちの集中力や期待する姿勢、何より楽しそうに発言する積極的な姿がたくさん見られたことに、驚きと大人も同じように引き込まれるなあと感じました。普段、給食室にいて、なかなか子どもたちが食べている様子などを見に行けませんが、見に行って声をかけることの必要性や重要性を今回あらためて感じました。食の支援が必要である、難しいと感じる子どもたちが園全体としてみても３〜４割ぐらいはいるのかなあと思っています。かめない、飲み込めない、食べるのに時間がかかる、精神面の影響など、それぞれあるようですが、子どもへの支援を行いながら保護者への働きかけなども必要となると課題がたくさんあるのかと思っています。

（給食関係者、勤務経験12年）

＊私自身、「味の教室」に参加するのが初めてでした。どんな取り組みをするのだろう…、と最初はドキドキしていましたが、回を重ねるごとにワクワクに変わっていきました。それは子どもたちも同じだったと思います。今では、旬の食材やめずらしい野菜を給食で使うときは、クラスに行って子どもたちにふれてもらうようにしています。「なんか〇〇なにおいがする〜」「これ、おうちでも見たことあるで！」など、子どもたちのほうから興味をもって話しかけてくれるようになりました。これも味の教室での経験があったからだと思います。現代では、さまざまなものが季節を問わず、手に入るようになりましたが、子どもたちにとっては、「この季節といえば、この食べ物！」という感覚があまりないように思います。だからこそ、「味の教室」のような食材にゆっくりとふれて、お話を聞くことができる機会はとても大切だと思いました。私にとっても貴重な体験ができたと思います。

（給食関係者、勤務経験６年）

＊子どもたちの期待感、楽しむ姿、集中力があらためて感じられる時間と機会となりました。３歳児さんは２年目ということで自らの言動がたくさん見られ積み重ねを感じますし、２歳児さんは回を重ねるごとに姿が変わり。２年間ということの大切さを感じました。そして、２歳児、３歳児の取り組みについてもこの年齢での経験の大切さがあることを実感しました。

（保育士、勤務経験40年）

**指導者への
アンケート結果に
みられる指導者自身の
行動変化の例
（回答者47名）**

- ●子どもの表情やしぐさをよく観察するようになった ・・・・・・・・・・・・・・・ 83%
- ●子どもの言葉に以前より耳をかたむけるようになった ・・・・・・・・・・・・・・・ 79%
- ●自分自身も五感を使うことを意識するようになった ・・・・・・・・・・・・・・・ 79%
- ●声かけなど、積極的に子どもへ働きかけるようになった ・・・・・・・・・・・・・ 81%

**指導者への
アンケート結果に
みられる子どもたちの
行動変化の例
（回答者47名）**

- ●食材への興味や関心をもつ子どもが増えた ・・・・・・・・・・・・・・・・・・・・・ 91%
- ●給食等の食事時間を楽しむ子どもが増えた ・・・・・・・・・・・・・・・・・・・・・ 78%
- ●苦手な食材でもひと口はチャレンジしようとする子どもが増えた ・・・・・・・ 71%
- ●食べる際に食材のにおいをかぐ子どもが増えた ・・・・・・・・・・・・・・・・・・ 58%
- ●給食時に（耳をふさいで）そしゃく音を聞く子どもが増えた ・・・・・・・・・・ 55%

御室保育園園長　杉本晶子

　「味の教室」は、ここ御室保育園での取り組みから始まったと聞いています。前任の園長から引き継いだときには、将来的には園独自の食育行事として「味の教室」を実施するのかなと考えていました。しかし、この「味の教室」に参加し、子どもたちの様子を実際に見ているうちに、これはこれまで自分がイメージしていた食育とは異なることがわかりました。

　「味の教室」は、子どもたちにとって身近で関心の高い食を題材として使いながら、子どもたちの豊かな感性をはぐくむ保育の教室であるとの思いを強く持つようになりました。

　私は子どもたちの豊かな感性を育むためには、子どもにとって安心して生活できる環境を提供したうえで、その成長のためには少しでも多くの大人の感性にふれる機会をもつことが大切と考えています。安心して頼れる先生が存在した環境で、多くの大人の感性にふれていろいろな経験をしてほしいと思っています。「味の教室」は、いつもの先生といっしょに子どもたちが外部の先生にふれるよい機会になっていると思っています。

　こうした取り組みによっての子どもの成長や変化を、テストの点数のように数字で示すことは困難ですが、保育士は子どもたちの変化を「感じる」ことができなければならないと思っています。そうした観点から、この「味の教室」は園児にとって貴重な機会であるとともに、同席する保育士自身がどのような事を感じたかの感想はとても興味深く拝見しています。園児と保育士のために今後も続けていただければと思っています。

吉田山保育園園長　三木麻素美

　「味の教室」は今年で3年が経過しました。4年前に前任の園長が取り組みを決断された当時私は主任で「ふーん、何か始めるんだ」と少し第三者的に見ていました。と言うのは、それまで私の持っていた「食育」のイメージはクッキングで、専門外の事にどのようにアプローチしたらよいか正直わからず、「食育はやりたいけど、とっつきにくい」と思っていたのです。初めて味の教室に参加してまず感じたのは、「こんな取り組みでもいいんだ！」ということです。子どもは食材のちょっとの味の違いでもしっかりと感知してそれを表現するし、その感じ方も子ども一人一人の感じ方があっていいんだ、と保育との共通点を見出し「これでいいんだ！」と、自分の中での気負いがなくなった思いがしました。ともすれば今までの食育は「クッキングで何かを作ってそれで終わり」といった感が否めなかったのですが、この『味の教室』では「五感」を使うことに気付かせてもらいました。給食などの日ごろの保育活動の中で、子どもたちは自分の「五感」を使う仕草を見せてくれるので、味の教室で体験したことがしっかりと子どもたちの中に残っていると感じます。また、子どもたちは回を重ねるごとに自分が思ったことをその子なりの表現で言えるようになり、こうした成長を見て嬉しく思っています。2歳児クラス・3歳児クラスでの取り組みですが、年中・年長の子どもの中にも以前に体験した、ヨシ君（注：ロールモデルの名前）の印象が残っています。

　2年前に園長になりましたが、保育士の先生方には、「○○しなくてはならない」という気持ちを強く出さず、子どもが感じている時間そのままを一緒に楽しんでほしいと思っています。当園は、「情緒の安定を大切に」「遊ぶ力を大切に」「食べる力を大切に」「生活する力を大切に」「保護者と共に・地域と共に」を保育目標に、子どもが安心し満足して遊びこめる場所が作れるよう、その都度保育内容の検討・見直しを行ってきました。今後も、今まで大切に受け継がれてきたことを引き継いでいきたいと考えています。

　子どもが自分の生活の中で見通しを持ち自ら行動することで自己肯定感が感じられ、こころの安定が得られるのだと思っています。子どもたちには食に対して嫌な感じを残さない、先生方には食事は子どもたちとの信頼関係をはぐくむ場であることを伝えていきたいと思っています。「味の教室」は子どもの気持ちを汲み取って、楽しく食べられるきっかけの一つになっていると思います。給食もいつもいつも「全部きれいに食べる」ことをがむしゃらに目標とするのではなく、子どもの体調や気分なども考えて「残してもいいよ。けれどもなぜそうなのかな？」という見方を持ってほしいと思います。保育所保育指針の中に、乳幼児期は子どもが生涯にわたる人間形成の基礎を培う極めて重要な時期であり、身近な大人のかかわりや環境の大切さや、乳幼児期にふさわしい安定した生活と楽しい遊びや友だちとのかかわりの大切さがあげられています。

　五感を使って感じる体験を通じ、子どもの気持ちに寄り添うことの大切さについては、幼児クラスはもちろんのこと、特に乳児クラスの先生方も感じているのではないかと思っています。

山ノ内保育園副園長　中川みどり

　4年前に右京区の保育園の園長会で、御室保育園の上田園長（当時）より「味の教室」の実践紹介があり、興味をもったのがきっかけです。これまで山ノ内保育園では、園庭での野菜栽培等、さまざまな食育活動は行っていたのですが、いつも同じサイクル、同じ雰囲気で行っている印象があり、園外部の力を借りてこれまでとは少し異なった取り組みを行って、保育士も何か気がついてくれることがあればいいと思っていました。

　一方で保育士も日頃の業務で忙殺されており、この「味の教室」では、保育士は特段の準備はせずに「参加すればいい」という点も魅力でした。

　第1回目の講座にいっしょに参加して、「保育士が子どもの声を集中して聞いている」「子どもと同じように保育士の顔もキラキラと輝いている」と印象に残りました。この講座が終わった後の保育士同士の会話が、「○○ちゃん、今日はこんなだったんやで。驚いたわ」「△△ちゃんはこんなこと言ってたわ。おもしろかったんやな」といった具合に盛り上がっていたことも覚えています。子どもの感じることに正解はない、その子の言葉を素直に聞こう、という発言がきっかけだったと思います。担任として子どもをあ

ずかっていると、どうしても「この子はこれが苦手かな」、「この子にはこれが得意かな」という予断をもって、ときに子どもの活動を制約してしまうことがありますが、この「味の教室」ではクラスの園児全員が同じ体験をさせてもらいます。そうすると、子どもたちの意外な一面やあらたな姿も見えてきたのです。

　「味の教室」の体験を重ねていく中で、子どもたちもよくしゃべるようになったと思います。「すごい長いなすび」という「すごい」という言葉に子どもの感じたことが表れています。コーヒーのにおいから「お父さんのにおい」と言った子は自分の生活に結びつけています。なすびの断面を「きゅうりみたい」と言った子は心でなすびを見ています。そうした「味の教室」での子どもたちの言葉を受け止めていくことは、保育で大切にしたいと思っていることと一致しています。

　「味の教室」の一日は、保育士にとっても余裕、ゆとりのできる一日となっています。このゆとりの時間で、保育士が子どもの声をよく聞くようになり、どうしたら子どもがお話してくれるかな、という意識も少しずつ増えてきたと感じています。

清明保育園園長　植村尚子

　清明保育園で「味の教室」をはじめたのは、右京区の園長会で他の園での取り組みの話を聞いたのがきっかけです。これまで当園では姉妹園の幼稚園の菜園を利用した収穫体験や、給食室を中心とした食育には力を入れていましたが、何かちがう形で外部の人に入ってもらうと、食育の幅が広がるのではないかと期待しました。また「五感をきたえる」という部分は、日々の保育の中でも大切と思っていますが、保育士も日頃、多忙な中でできそうでできないこともあり、外部から来てもらうことも有効かなとの思いがありました。実際に来ていただいて、園では用意しにくい食材などの教材を準備していただき、園児がそれにふれることができたのはとてもよかったです。

　当園での子どもの受け入れは12時間ですが、子どもたちは平均して10時間、長い子は11時間も保育園で過ごします。これだけの長い時間をあずかる身として、その責任の重大さを日々感じながら保育業務を行っています。おあずかりしている時間の中で、子どもたちには幅広くいろいろな体験をさせてあげたいと思っており、「味の教室」はその一つとしてよい体験の機会になっています。

　子どもの成長には、知識よりも体験が重要であり、五感の発達を支援することは小さいうちにしかできない大切なことだと考えています。今回の「味の教室」の取り組みは、「小さいときの味覚が大人になっても影響するので、2歳児までの体験が大切」という私の元々の想いとも合致するものでした。「味の教室」では一つ

一つていねいに教えていただき、子どもたちにはわかりやすかったのではないかと思います。内容は決して難しいものではないけれど奥が深く、大人でも気がつかねばならないことが多々あったと思います。

　保護者に対しても「五感を大切にしてほしい」との気持ちがありますが、忙しい保護者のことを思うと強制はできません。ただ何もやらなくていいのではなく、園としても「味の教室」を実施していることを通じて、保護者に対しても何か家庭でできることを伝えていけたらと思っています。

　子どもたちが「味の教室」を楽しみにしていることは見ていて強く感じますし、このような継続が大切だと思っています。子どもにとっては「楽しい」がいちばんであり、そこからいろいろなものを吸収してゆくのだと思います。何か一つでも心の片隅に残るものがあればいいと、これは日頃の保育でも大切にしていることでもあります。

　時代はITやAIなどのデジタル化が進み、コロナ禍はリモートでの取り組みを急速に押し進めているようにも思えます。しかし保育にあっては「接触」は子どもの心の安心に大切な要素ですし、デジタル情報以外の五感で感じる情報も人間の成長には大切だと思います。「雨のにおいがする」と言った園児がいますが、大人では忘れてしまったような子どもの感覚や発見、そういった子どもの感性を育んでいくことを当園の園児には行っていきたいと思っています。

おわりに

　食べ物を目の前にしたとき、大人も子どもも五感とともに心の感覚までも研ぎ澄まされます。子どもの表情やしぐさ、そして言葉は驚くほど尊く愛らしいものです。とても繊細で、一瞬で消えるはかなさでもあり、ハッとするようなキラキラした輝きがあります。

　本書で紹介した「五感を使った食の体験学習」によって、皆さんにそうした発見がより多く感じられることを期待しています。

　「食べる力」は「生きる力」です。未来を拓く子どもたちには、今一度「食べる」という生き物としての基本に立ち返って、五感を駆使した食体験をさせてあげてください。世界での取り組みも進んでいます。

「私は強く思う。この技術（サペレメソッド）を学んでほしい。

そうしなければ、読み書きや算数ができないまま成長するのと同じくらい、

子どもの未来をそこねてしまう。

いや、悪くすれば健康を脅かす要因にもなるだろう。」

（ビー・ウイルソン：『人はこうして「食べる」を学ぶ』の著者）

ビー・ウイルソン氏と　2019年　英国ケンブリッジ大学にて

『人はこうして「食べる」を学ぶ』
ビー・ウィルソン（原書房）

謝辞

　サペレ国際協会の前会長 Roelof Huurneman（故人）、スウェーデンの Stina Algotson、フィンランドの Arja Lyytikainen、ノルウェーの Einar Risvik（故人）、フランスの Jérémie Lafraire、英国の Bee Wilson をはじめとした各国の専門家及び京都医療センター予防医学研究室からサペレメソッドについての多くの助言と励ましをいただきました。

　京都市内の保育園、幼稚園、こども園、児童館の皆様は私たちに貴重な実践活動の場を提供してくださいました。本書は園の先生方と一緒に作り上げてきたプログラムの紹介です。そして子どもたちの「感じる」姿を紹介するにあたり、多くの子どもたちの写真がその雰囲気を伝えてくれています。

　農業者、漁業者、商店の方には、私たちの活動に教材となる「食」を提供いただいています。その他、多くの方々のご協力によって本書を作成できたことに深謝します。

　本書の一部は、JSPS 科研費 JP19KT0042、JP19K02668 の助成を受けた研究成果です。

一般社団法人　味の教室協会

染井順一郎

河口八重子

著者／染井 順一郎（Junichiro Somei）

千葉大学園芸学部卒業。国家公務員として農林水産省、在フィンランド日本大使館、北海道開発局など26年間勤務。退職後、管理栄養士の資格を取得。京都市内の医療機関での栄養食事指導を行うかたわら食育活動を開始。国立病院機構京都医療センター予防医学研究室の研究員として食育効果等の研究に従事。2018年に一般社団法人味の教室協会を設立。代表理事に就任。
資格：管理栄養士、技術士（総合技術監理、農業）、教員免許（栄養教諭一種、中高理科）
著書：『食と景観の地域づくり』（学芸出版社）、『ガイドライン外来診療2015』（日経メディカル開発）（ともに共著）

著者／河口 八重子（Yaeko Kawaguchi）

武庫川女子大学大学院（臨床栄養学専攻）修了。食品衛生管理者として勤務後、乳業会社、小児科、保健センターにて育児・離乳食相談に従事。その後、糖尿病専門クリニック（西宮市、中国上海市、大阪市、京都市）の医療機関勤務、同志社大学研究員を経て国立病院機構京都医療センター予防医学研究室の研究員として外来栄養指導（脂質異常症専門外来、I型糖尿病専門外来）に従事。一般社団法人味の教室協会理事に就任。
資格：管理栄養士、糖尿病療養指導士
著書：『産業保健と看護 Vol.12（2）』（メディカ出版）、『調剤と情報 Vol.27（7）』（じほう）、『脂質異常症の最新食事療法のなぜに答える 実践編』（医歯薬出版）他（ともに共著）

受賞 第68回読売教育賞優秀賞（2019）幼児教育・保育部門
「2・3歳児への『五感をきたえる味の教室』で健康とコミュニケーションの基礎づくり」

お世話になった実施園

御室保育園
山ノ内保育園
吉田山保育園
清明保育園
東和保育園
聖護院保育園
聖ドミニコ学院京都幼稚園
おおやけこども園
清水台幼稚園
紫野保育園
御室児童館

五感が育つ子どもの食育—食の体験学習サペレメソッド

2021年10月1日発行　第1版第1刷

著　者	染井 順一郎／河口 八重子
発行者	長谷川 翔
発行所	株式会社 保育社
	〒532-0003
	大阪市淀川区宮原3-4-30
	ニッセイ新大阪ビル16F
	TEL 06-6398-5151　FAX 06-6398-5157
	https://www.hoikusha.co.jp/
企画制作	株式会社メディカ出版
	TEL 06-6398-5048（編集）
	https://www.medica.co.jp/
編集担当	粟本安津子
編集協力	WILL ／こいずみきなこ
デザイン	WILL
イラスト	藤澤さえか
印刷・製本	株式会社シナノ パブリッシング プレス

ISBN978-4-586-08644-3　　　　　　　　　　　　Printed and bound in Japan
乱丁・落丁がありましたら、お取り替えいたします。